영업 갑부

영업 갑부

초 판 1쇄 2022년 05월 19일

지은이 권태호
펴낸이 류종렬

펴낸곳 미다스북스
총괄실장 명상완
책임편집 이다경
책임진행 김가영, 신은서, 임종익, 박유진

등록 2001년 3월 21일 제2001-000040호
주소 서울시 마포구 양화로 133 서교타워 711호
전화 02) 322-7802~3
팩스 02) 6007-1845
블로그 http://blog.naver.com/midasbooks
전자주소 midasbooks@hanmail.net
페이스북 https://www.facebook.com/midasbooks425

© 권태호, 미다스북스 2022, *Printed in Korea*.

ISBN 979-11-6910-023-6 03320

값 15,000원

1

권태호 지음

세상 모든
영업인들의

목표 달성과
행복한 삶을
위하여!

영업
갑부

미다스북스

나는 당신이 원하는
목표 달성과 행복한 삶을
이루기를 소망한다

나는 지난 15년간 수만 명의 고객들을 만났다. 그렇게 수많은 고객들을 상대하면서 성공과 실패를 반복했다. 수많은 성공과 실패의 경험들이 결국 고객의 속마음과 연관되어 있음을 알았다. 현장에서 고객을 상대하며 어떻게 하면 고객과의 관계가 좋아질 수 있는지 구체적인 방법을 발견하게 되었고, 고객의 거절과 관련된 다양한 문제를 직접 해결하는 실제 사례를 경험했다. 고객의 마음을 여는 영업의 힘, 영업 고수가 사용한 영업의 기술, 고객의 심리를 역이용하는 방법, 고객의 거절을 밝혀내는 5가지 필살기, 고객이 거절을 잘하는 3가지 이유 ……. 다 말할 수 없을 정도로 많다.

이런 문제들의 공통적인 특성은 주로 고객의 진짜 속마음을 모르기 때문에 '수많은 거절과 실패를 반복하는 것'이었다. 모두 고객을 제대로 파악하지 못하기 때문에 생기는 부작용과 문제들이다. 속마음을 정확히 파악하는 것이 비결이다. 왜냐하면 고객을 제대로 알지 못하면 영업 자체가 되지 않기 때문이다.

내 영업 목표 달성의 주체인 고객의 마음을 완전히 사로잡지 못하면 영업에서 큰 기대는 하지 않는 편이 옳다. 즉 영업 고수의 비밀은 무엇보다 고객을 정확히 파악하고, 관계를 유지하는 데 있다. 중요한 것은 고객과의 관계에 문제가 생기면 반드시 영업 목표에도 문제가 생긴다는 점이다.

단순히 앞에 보이는 실적에만 급급할 것이 아니라 고객과의 관계를 우선시하여 마음과 마음이 제대로 연결되고 소통하고 있는지를 파악해야 한다는 뜻이다. 그러므로 고객의 보이는 겉모습에만 초점을 맞추어 소통하기보다 전체적인 시야로 바라보는 것이 중요하다.

나는 이런 관점에서 고객의 심리와 마음, 거절하는 고객의 진짜 속마음을 파악하고자 노력했고, 대한민국에서 영업 좀 한다는 고수들과의 인터뷰를 통해 얼마나 많은 것을 놓치고 있는지, 혹은 몰라도 된다고 착각하고 있는지를 깨닫게 되었다. 이제 나는 진정한 영업 고수의 길에 도전하고자 한다.

처음에는 남들이 하는 영업을 모방하기도 하고, 정확한 사전 조사나 분석 없이 현장을 다녔는데, 조금씩 영업의 힘을 키워 고객에게 접근하면서 넓은 시야와 안목으로 살피게 되었다. 고객들의 관심사를 파악하기 위해 질문하고, 경청했다. 고객의 진짜 속마음이 무엇인지, 왜 나에게 거절의 신호를 보냈는지 계속해서 답을 찾기 위해 확인했다.

아무도 알려주지 않는 길을 오직 고객들과 상대하며 느끼고, 깨달았다. 고객들의 마음을 이해하려고 노력하면서, '어떻게 하면 고객과의 관계를 만들 수 있을까?' 고민했다. 그러는 동안 영업의 힘은 날로 발전해 갔다. 실제 현장에서 발로 뛰며 경험하고 이론을 배워 고객에게 직접 적용하며 깨우친 기나긴 여정이었다.

고객의 마음은 그저 얻어내는 것이 아니고, 단기간에 관계를 만들어야 되는 것도 아니다. 고객을 제대로 볼 수 있는 눈이 생기면서, 더 관심을 갖고 이해하기 위해 노력하면서 영업 목표 달성을 이룰 수 있게 되었다.

대한민국 인구의 절반이 넘는 사람들이 영업을 하고 있다. 이 많은 사람들이 영업을 제대로 하지 못해 답답함과 어려움을 겪고 있다. 영업을 잘하기 위한 기술, 자기 관리, 시간 관리, 태도와 습관도 물론 중요하다. 왜 중요하지 않겠는가? 그러나 영업에서 가장 중요한 것은 고객의 진짜 속마음을 발견하고 그들과 관계를 형성하여 유지할 수 있도록 노력하는 것이다.

이런 깨달음이 가능했던 이유는 지금도 나는 영업 현장에서 고객을 상대하고 있기 때문이다. 경험 없이 이론만 배웠다면 이런 깨달음은 불가능했을 것이다. 이제 15년 동안 영업 현장에서 오직 고객만 상대해온 영업력이 좋은 영업 고수가 알게 된 내용을 풀어보고자 한다. 시중에 나와 있는 영업 관련 서적에는 없는 내용들이다. 나는 이 책으로 영업의 비밀을 열고자 한다.

그런데 혹시 여러분에게 영업을 하면서 단 한 번도 어려운 상황이 없었고, 영업이 조금도 힘들지 않다면 지금 바로 이 책을 덮어도 좋다. 당신은 이미 영업력이 좋은 영업 고수이기 때문이다. 하지만 단 한 번이라도 영업 때문에 힘들었던 적이 있다면, 영업 현장에서 고객으로 인해 애태워본 적이 있다면, 영업이 어려워서 그만두고 싶었던 적이 있다면 이 책을 통해서 영업의 힘을 만들고 키우는 법을 꼭 얻어가기를 바란다.

이 책이 대한민국을 넘어 세상의 모든 영업인들이 원하는 목표 달성과 행복의 중요한 통로가 되길 진심으로 소망한다.

CONTENTS

1장

고객의 마음을
사로잡는
영업 갑부의
7가지 비밀

2장

거절 고객의
핵심을 찌르고
판을 뒤집는
7가지 기술

3장

**까다로운 고객을
평생 고객으로
만드는
7가지 전략**

4장

**실전 영업
백전백승
고객 심리 분석법
6가지**

영업의 핵심은
이 문장 하나로
요약된다.

"고객의 진짜 심리는
보이지 않는 곳에 있다.
그곳을 볼 줄 아는
자가 고수다."

1장

고객의 마음을 사로잡는 영업 갑부의 7가지 비밀

마음을
여는
'영업의 힘'은
무엇인가?

나는 영업인으로서 수많은 영업 현장에서 각양각색의 고객들을 만나왔다. 비즈니스와 이해관계가 걸린 상황에서 만나는 사람들이다 보니 모두 속마음을 숨긴 채 자신에게 유리한 것만 보여주려 한다. 내가 담당하고 있는 고객들이나, 함께 같은 목표를 향해 나아가는 경쟁사 영업인들도 오래 알고 지내지 못한 상황에서 내가 영업 목표 달성을 할 수 있는 유일한 방법은 눈에 보이는 것보다는 보이지 않는 것을 보려고 노력할 때 순간에 오는 약간의 느낌뿐이다.

이처럼 오직 순간의 느낌으로만 고객의 진짜 마음을 가려내야 하는 것이 영업인의 숙명이다. 특히 내게 그다지 호의를 갖고 있지 않은 고객이나 경쟁사 영업인들을 말과 행동으로만 상대한다는 것은 제아무리 베테랑 영업인일지라도 언제나 긴장되는 일이 아닐 수 없다.

하지만 이런 긴장감은 오히려 '영업력'의 효과를 유감없이 드러내주기도 한다. 서로에게 긴장하고 있는 두 사람이 오직 순간의 느낌으로 대결하는 상황, 여기에서 승부를 가리는 것이 바로 영업력이다.

현장에서 내가 제품을 팔려고 하면, 그 순간 고객의 태도가 굳어지며 표정도 험악해진다. 이는 대부분 영업인이 경험하는 일이다. 이때 고객은 그야말로 '너의 뻔한 속내에 넘어가지 않겠다!'라는 강경한 태도로 돌변한다. 이처럼 현장에서 고객은 영업인에게 비협조적이기 때문에 고객 마음을 열기 위해 꾸준하게 관계를 쌓아야 한다.

꾸준함은 그가 능력 있는 영업인인지 아닌지를 판가름하는 중요한 요소다. 꾸준함이 능력이고, 그 꾸준함은 영업 자체를 즐기고, 좋아하는 마음에서 나온다. 지금부터라도 내가 하는 영업을 좋아해보자. 누구든 고객의 마음을 열 수 있다.

영업인이라면 대부분 그 유명한, "영업에서 가장 중요한 건 고객 마음을 열어 나를 믿게 하는 것"이란 말을 한 번쯤은 들어봤을 것이다. 그런데 고객 마음을 여는 것은 고객과 함께하는 시간이 늘어날수록 가능한 일이다. 즉 모래성을 쌓는 것처럼 단기 속성이 아니라 시간이 걸리더라도 꾸준함을 가져야 한다는 말이다. 당연한 일이지만 뭐든지 지속하는 것이 참 어려운 일이다.

그룹 방탄소년단이 미국 그래미 뮤지엄 측과 인터뷰한 기사를 읽은 적이 있다. 진은 성공적으로 일을 해나갈 수 있는 비결에 대해 "너무 많은 생각을 하지 않고 일을 지속한다. 그럼 자연스럽게 나아진다."라고 운을 뗐다. 슈가는 "어느 직업이나 마찬가지겠지만 꾸준히 하는 게 가장 큰 무기라고 생각한다."라고 말했다. 지민은 "관객인 것 같다. 우리를 봐주시는 관객이 존재하기에 더 잘하려고 노력하는 것 같다. 그리고 동료인 것 같다. 동료가 있기에 더 잘하려고 노력한다."라고 밝혔다. 뷔는 "콘서트에서 무대를 하는 게 가장 좋다"고 말했다. 정국은 "무엇보다 팬 여러분이 계시니까. 그리고 아미들 덕분에 이렇게 꾸준히 무대와 음악을 할 수 있다. 그게 제일 행복해 자연스럽게 열심히 하고 싶다는 생각이 드는 것 같다."라고 설명했다.

여전히 매일 즐기면서 해나가는 일이 무엇이냐는 질문에 슈가는 "나도 사람인지라 일을 하다 보면, 음악을 만들다 보면 괴로워지는 상황이 있었는데 계속 꾸준히 만들다 보니까 내가 음악을 만드는 걸 되게 사랑하고 있다는 생각이 들더라."라고 말했다. 제이홉은 "내게는 팬의 사랑과 지지다. 음악과 무대, SNS 등을 통해 팬들에 대한 사랑과 지지를 전한다."라고 밝혔다. 지민은 "관객 앞에서 공연할 수 있다는 것, 팀이 있고 좋아하는 음악을 할 수 있다는 것"이라고 말했다.

인터뷰 내용을 보며 방탄소년단이 왜 전 세계인의 마음을 열 수 있었는지 알 수 있었다. 고객의 마음을 여는 영업의 힘은 하는 일에 대한 꾸준함 그리고 목표다. 영업을 처음 시작하는 영업인이라면 선배가 시키는 대로만 하면 된다. 아무것도 모르니 일단 그 일을 먼저 경험한 선배나 상사가 시키는 것만 제대로 하면서 배우고, 느끼고 적용할 부분을 생각하며 행동하자.

시간이 흘러 영업에 대해 조금 알게 되고, 경험이 쌓이면 나만의 스타일을 만들어 현장에 적용해보는 것이 매우 중요한 부분이다. 한 번에 절대 되지 않는다. 반복해서 수정하고 적용하며 나만의 방법을 발견해야만 한다. 꾸준히 말이다. 꾸준함과 함께 영업을 통해 이루고자 하는 목표가 더해지면 금상첨화다. 일이 즐거워지며 현장에서 일어나는 모든 이벤트가 훗날 나를 일으켜주는 원동력이 될 것이다. 단순히 생계를 위해 현장에서 발로 뛰는 영업인과 분명한 목표를 가슴에 품고 달려가는 영업인은 다르다.

대학 4학년 취업준비생 시절에 강단에서 전하는 목사님의 말씀을 통해 기업 교육 강사의 꿈을 가슴에 품었다. 매주일 출석하며 목사님의 말씀을 듣던 중 대한민국에서 가장 많은 사람이 근무하고 있는 직무가 영업, 마케팅이라는 사실을 알게 되었다. 강사가 되기 위해 선택한 첫 번째 길은 영업, 즉 현장에서의 경험을 자산으로 만들어야 한다는 깨달음으로 지금까지 영업 현장에 서 있다. 기업 교육 강사의 꿈을 이룬 지금은 더 큰 목표를 향해서 전진하고 있다. 이처럼 목표는 힘든 영업 현장에서 든든히 나를 세워주고, 지켜주는 신과 같은 존재다.

그런데 '나는 왜 제자리일까?', '왜 영업이 힘들고, 어렵고 재미가 없을까?'라고 생각하는 영업인들의 특징은 분명하다. '내가 누구인지, 무엇을 원하는지'를 모른다는 것이다. 남들 다 출근하니까 한다. 퇴근하니까 한다. 아무 생각 없이 말이다. 영업인들은 '내가 누구인지, 무엇을 원하는지'를 아는 것이 중요하다. 그래야 주체적인 영업이 가능하다.

지금부터라도 '나'를 위한 공부를 해보자. 타인의 기준이나 시선이 아니라 진짜 내가 원하는 방향이 어디인지를 발견하는 것이 주체적인 영업의 시작이다. 진짜 내가 하고 싶은 영업을 하며 특별하게 살자.

주변을 둘러보면 '영업인'들의 세상이다. 눈을 돌리면 영업 잘하는 고수들이 정말 많다. 영업을 잘하면서 책을 많이 읽는 영업인들은 많지 않다. 영업을 잘하면서 책도 많이 읽고, 책을 쓰는 영업인은 극히 드물다. 이처럼 남들과 차별화되는 생각과 실행력으로 자신을 뛰어넘어 더 큰 미래로 나아가야 영업이 즐겁고, 재밌다.

예나 지금이나 앞으로 '영업 시대'다. 누구나 영업하고 마케팅하며 자신을 노출시켜야 한다. 이것을 어떻게 잘 연결하느냐에 따라 즐겁고, 재밌게 영업할 수 있다. 자신의 소중한 젊은 시절을 단지 버리는 시간으로 사용하기에는 너무 아깝다. 조금만 신경을 쓰면 하루하루가 즐겁고, 아까운 시간을 잘 활용할 수 있다.

고객의 마음을 여는 영업의 힘, 첫 번째는 꾸준함, 두 번째는 목표, 세 번째는 차별화이다. 다른 영업인들과 차별화되는 나만의 목표를 향해 꾸준히 나아간다면 영업 활동을 더 신나게 할 수 있을 것이다. 또한, 현장에서 부딪치는 어려움도 나만의 이야기가 되어 훗날 나를 더 빛나게 해 줄 것이 분명하다. 고객의 마음을 여는 영업력을 기르기 위해 지금 당장 나를 위한 시간을 투자하자. 나를 위한 투자가 고객의 마음을 여는 열쇠이다.

고수가 알려주는 영업의 핵심   01

고객 마음을 여는 것은 모래성을 쌓는 것처럼 단기 속성이 아니라 시간이 걸리더라도 꾸준함을 지속해야 한다.

영업은
능력을 넘은
고도의
예술이다

영업력(營業力)이란 영업을 잘하는 능력을 말한다. 여기서 주목하고 싶은 점이 있다. 영업을 잘하는 능력은 타고나는 것일까? 길러지는 것일까? 즉 선천적으로 갖고 태어나는 것인지 아니면 후천적으로 기를 수 있는지에 대해 궁금한 생각이 들었다.

그것은 '力(힘 력) : 힘, 힘쓰다, 부지런히 일하다, 있는 힘을 다하여'라는 말을 사용하고 있다는 점이다. 이것은 누구나 조금만 힘을 쏟으면 '일을 경영할 수 있다'라는 사실을 나타낸다. 현장에서 계약을 달성해야 하는 영업 활동은 이제 '능력'을 초월해서 '예술'의 영역에 도달해 있다고 해도 지나친 말이 아니다.

세상에 수많은 사람의 다양성처럼 같은 목표 달성을 위해 전진하는 다수의 영업인도 무척이나 다양하다. 자신만의 방법을 찾아 차별화하려고 노력하는 자체가 예술의 경지에 도달하기 위해 애쓴다는 의미다. 그럼 영업력의 달인, 영업 고수의 예술가가 되기 위한 첫걸음을 디뎌보자.

치열한 현장 속에 우리는 우리도 모르게 '꿈'보다는 세상이 원하는 성공의 잣대에 맞춰 현실에 연연하며 살고 있다. 이제는 남들 시선을 의식하지 말고 뚜렷한 목표 설정과 분명한 목적의식을 갖고 살아가야 하지 않을까?

영업만 하고 있는가? 영업을 통해 이루려고 하는 꿈이 있는가? 늘 같은 시간에 같은 장소에서 시간을 허비하고 있지만 한편으로 내 안에 꿈틀거리는 꿈 때문에 혼란스러운가? 그렇다면 더욱더 꿈을 향해 나아가야 한다. 누구든지 영업을 하다 보면 언젠가는 영업을 그만해야 할 때가 온다.

그때를 대비해서 준비하자. 영업하는 동안 준비해야 한다. 구조 조정이나 퇴직 후에 생각한다면 이미 늦은 게임이다. '어떻게 하면 더 원하는 목표에 도달할 수 있을까?', '어떻게 하면 더 좋은 방법으로 할 수 있을까?'를 늘 고민하고 생각하고 발전하기 위해 노력해야 한다.

일단 지금 하는 영업을 누구보다 잘하기 위해, 최고가 되기 위해 노력하자. 나는 처음 영업을 시작할 때 목숨 걸고 일했다. 죽기 살기로 앞만 보고 달렸다. 현장에서 넘어지고 깨지고 몸이 힘든 영업은 견딜 수 있었다. 정말 참기 힘들었던 것은 사람이었다. 같은 사무실 내에 일하는 선배들은 나를 시기하고, 질투 가득한 눈빛으로 나를 따돌렸다.

내가 가장 먼저 출근해서 문을 열고 정리를 하고 기다리면 선배들은 뒤늦게 출근해서 담배를 피우며 노닥거렸다. 지점장이 출근하는 시간이면 마치 오래전부터 기다렸던 것처럼 반기고 항상 나를 경계했다. 당장 사표를 던지고 싶었지만 '여기서 버티지 못하면 다른 데 가서도 버틸 수 없다.'라는 생각에 참고 또 견뎠다.

"확실하게 내 실력을 보여주고 인정받을 거다!"라고 다짐을 하고 이를 악물고 버텼다. 당시 다니던 회사는 주 5일 근무였지만 나는 토요일에도, 일요일에도 거래처에 들러 내가 도울 일은 없는지 물었다. 나의 꾸준함과 열정적인 모습을 확인한 거래처 고객들은 조금씩 나를 믿고 일을 맡겨주기 시작했다.

주변에 소문이 나기 시작하면서 매출이 제로에서 월에 수백만 원, 수천만 원의 목표를 초과 달성하여 전국의 영업 지점을 돌며 성공 사례를 발표하기도 했다. 거래처 고객들은 내게 더 멀리 볼 수 있는 눈을 키워주셨고 도전하는 삶을 살 수 있도록 도와주셨다. 그때 참지 못하고 나와버렸다면 영업을 제대로 배우지도 못하고, 방황했을지도 모를 일이다.

억울한 일이 있더라도 일단 버텨보는 것도 괜찮다. 그냥 버티는 것 말고 현장에서 고객들과 함께 내가 할 수 있는 최선의 노력을 다한다면 언젠가는 고객과 직장 선배들에게 인정받는 날이 올 수 있다. 어떤 분야이든, 일이든 영업을 확실히 배워둔다면 어디에서든지 성공의 디딤돌이 된다.

'오늘은 어디서 무얼 하며 시간을 보낼 것인가?'를 고민할 시간에 일단 현장에서 내가 할 수 있는 진짜 영업을 생각하고, 실행해보자. 그리고 그 일이 지금 내 가슴 속에 있는 꿈과 어떻게 연결되어 활용할 수 있는지를 찾아보자. 크고 작음은 상관없다. 일단 작은 것부터 하나씩 시작하는 습관을 통해 조금씩 키워나가면 된다. 없다면 지금 당장 찾아서 하라. 앞으로 우리가 살아가야 할 시간이 지금껏 살아온 시간보다 훨씬 더 길다.

많은 영업인이 아침 7시에 일어나서 출근 준비를 한다. 보통 월요일에는 회의가 많아 사무실로 출근하여 동료들과 시간을 보내고, 오후에 현장으로 나간다. 그리고 저녁 6시까지 정해진 시간 동안 고객과 거래처에서 시간을 보낸다. 물론 중간중간 커피숍에서 혼자 시간을 보내기도 하고, 상사 몰래 골프도 치고, 게임도 한다.

시간을 활용할 것인가? 이용할 것인가? 이는 전적으로 우리에게 달려 있다. 하루는 고작 24시간뿐인데 정해진 시간을 어떻게 활용하느냐가 바로 영업 성공의 열쇠이다. 영업인이라면 시간 관리는 필수 기술이다. 제약회사에서 제약 영업을 할 때 처음에는 무작정 아무 병원이나 찾아가서 문을 두드렸다. 가방에 신제품에 대한 소식을 담은 안내서를 가득 넣고

다니면서 고객을 만나 얘기할 기회만 엿보았다. 이야기를 잘 들어주는 곳도 있었지만 대부분 거부 반응을 보이거나 불편한 기색이 역력했다.

서두르지 않고 마음을 비우고 진심을 보여주니 편해졌다. 병원은 지역, 동문 등 네트워크가 잘 형성되어 있어 금방 소문이 돌았다. 한 병원에서 인연을 맺은 원장님이 새로 오픈하는 병원에 소개해주기도 하고, 병원 네트워크 모임에 나를 초대해 소개해주기도 했다. 그렇게 연결이 되면서 최우수 영업사원과 전국 영업 1등의 영예를 얻을 수 있었다.

가슴속에 꿈틀대는 꿈이 있는가? 지금 하는 영업과 어떻게 하면 그 꿈을 연결할 수 있는지 고민해야 한다. 그러기 위해 지금 당장 준비하라. 지금 당장 영업을 때려치우라는 말이 아니다. 영업을 현장에서 아무 생각 없이 다니면서 시간을 버리지 말고 지금 거기서 준비를 하라는 것이다. 지금도 늦지 않았다. 가슴속에 오랫동안 묻어둔 꿈이 있다면 영업과 연결할 차례다.

새로운 것에 대한 도전은 늘 불안하고 설렌다. 그래서 대부분 영업인은 새로운 일을 시작하기를 꺼린다. 어떻게 될지 알 수 없는 불투명한 미래에 뛰어들기보다는 현재의 안정적인 상황에 남아 있길 원한다. 그러나 이런 생각으로는 고객의 마음을 열기 어렵다. 고객의 마음을 열지 못하는 영업 하수는 매사에 부정적이고 급하다. 남들이 잘되면 "어떻게 해서 저렇게 잘 되었을까?"라는 배움의 자세보다는 "운이 좋았을 거야."라며 빈정거리기 바쁘다.

영업은 고도의 예술이다. 예술은 아름답고 높은 경지에 이른 숙련된 기술을 비유적으로 이르는 말이다. 우리가 하는 영업이야말로 정말 아름다운 활동이다. 누구나 도전할 수는 있는 영역이지만 아무나 성공할 수는 없다. 예술과 영업의 공통점은 자신의 감정을 표현하는 활동이라는 것이다. 우리의 고객은 누구보다 우리를 잘 알고 있다.

꾸미려 하지 말고, 있는 그대로의 모습을 진솔하게 보여줘야 한다. 자신이 느낀 감정을 고객에게 전달하고자 하는 꾸준한 활동을 통해 고객은 우리에게 관심을 보이고, 그들의 마음을 여는 기회가 생기게 된다. 남과 비교하며 시간을 헛되이 보내지 말고, 진정한 내 모습의 영업을 통해 고객의 마음을 여는 영업력을 길러보자.

고수가 알려주는 영업의 핵심   02

예술과 영업의 공통점은 자신의 감정을 표현하는 활동이라는 것이다. 꾸미려 하지 말고, 있는 그대로의 모습을 진솔하게 보여줘야 한다. 자신이 느낀 감정을 고객에게 전달하고자 하는 꾸준한 활동을 통해 고객은 우리에게 관심을 보이고, 그들의 마음을 여는 기회가 생기게 된다.

03

고수가
되려면
나만의 무기가
필요하다

현장에서 영업의 고수가 되려면 상당한 인내심이 필요하다. 우리의 고객은 아무나 고수로 만들어주지 않는다. 무엇보다 진짜 문제는 지금과 똑같이 영업하면 절대 고수가 될 수 없다는 것을 우리 자신이 누구보다 잘 알고 있다는 것이다.

영업을 시작한 지 얼마 안 되었던 시절의 이야기다. 나를 시기하던 선배들이 괴롭게 하는 날이면 정신적으로 무너져 아무것도 할 수 없었던 때가 있었다. 지금 생각하면 그 시절이 없었더라면 지금의 나도 없을 것이다. 이 시대에 영업하려면 굳건한 정신력이 필요하다. 용서와 배려를 날마다 실천하며 나를 일으켜야 한다. 머리로 아는 게 아니라 행동으로 실천해야 마음이 단련되고 강해질 수 있다. 그러면 바이러스를 비롯해 어떤 어려움이 와도 두려움 없이 이겨낼 수 있다.

이제 영업도 예전처럼 할 수는 없다고 생각한다. 마음을 단단히 먹어야 하는 시대가 왔다는 것을 스스로 깨닫고, 받아들여야 한다. 과거나 지금, 앞으로도 탁월한 정보기술(IT)은 지속해서 발전할 것이다. 그 속에서 없어지고, 새로 생겨나는 분야도 넘쳐날 것이다. 하지만 세월이 지나도 영업은 평생을 함께해야 하는 분야이다. 개인적으론 굉장히 뿌듯하고 좋은 일이라고 평가한다.

우리 영업인들의 장래가 밝다는 생각도 든다. 다만 일시적으로 반짝하면서 고객들의 관심과 호기심에 찬 시선을 받는 것을 넘어서 오래도록 진정성 있는 모습으로 나와 비즈니스를 함께 만드는 고객들이 공감할 수 있는 콘텐츠를 지속해서 만들어내는 게 중요하다고 생각한다. 영업의 다양성을 인정하고 받아들이면 더욱 탄탄하게 발전해나갈 수 있다고 믿는다.

지난 세월은 나에게 놀라운 성취의 연속이었다. 분명한 목표의식을 바탕으로 선택한 영업직에서 탁월한 성과를 내며 단계별로 성장해왔다. 이제는 더 큰 목표 달성을 위해 전진하는 중이다. 국내와 외국계 기업에서 경험을 쌓고, 끊임없이 배움을 이어나가고 있다. 현재는 IT 기업에서 매니저로 근무하며 전국을 누비며 영업 활동을 이어나가고 있다. 앞으로도 허락된다면 영업과 관련된 비즈니스 활동을 평생 이어나갈 계획이다.

영업 고수들의 면면을 살펴보면 고통스러울 정도로 자기 통제와 절제가 내면에 자리 잡고 있다. 스스로 지켜야 할 약속에도 충실할 뿐만 아니라 항상 일찍 자고 일찍 일어나고, 건강에 신경 쓰며 늘 운동하고 독서하는 습관이 몸에 배어 있다. 하수들은 저녁에 스트레스를 풀면서 즐겁게 지낼 때 고수는 자기 관리와 철저한 시간 관리로 현재보다 더 나아지려고 고민하고 노력한다.

나의 임인년 신년 포부는 예나 지금이나 평범하다. 그저 건강하게 지금까지 해왔던 대로 영업하는 것이다. 코로나19 상황이지만 현재 위치에서 내가 할 수 있는 최선의 노력을 다하는 것이다. 지금 하는 영업이 너무 즐겁고 재밌다. 그래서 참 감사하고, 행복한 마음으로 고객을 만나고 있다.

연륜이 쌓이면 꼭 하고 싶은 일이 있다. 나처럼 영업으로 시작해서 인생의 성공을 경험하고 싶어 하는 후학 양성에 관한 관심이 점점 커지고 있다. 그 목표를 이루기 위해 오늘 해야 할 일을 누구보다 잘 알고 있다. 젊은 영업인들이 더 큰 목표를 가지고 오랫동안 영업 경력을 쌓을 수 있도록 기본기와 자세, 태도와 습관을 전수하는 시스템을 만들 계획이다.

오랜 세월 동안 몸소 배웠던 것을 젊은 영업인들에게 다 알려줄 생각이다. 이런 비법을 공유하는 건 영업인 대부분이 꺼리는 일이다. 귀찮기도 하고, 아깝다고 생각할 수도 있으므로 어찌 보면 당연하다. 그런데 나는 그런 면에서 신선한 편이다. 나누고, 베풀며 더 성장하는 삶을 살고 싶다.

주변을 둘러보면 영업의 고수들을 참 많이 만나볼 수 있다. 그들을 인터뷰할 기회가 있었다. 고수가 생각하는 영업에서 가장 중요한 일은 거래처 네트워크를 유지하고 확대해나가는 것인데 신뢰 형성을 바탕으로 자연스럽게 거래처들에 적정한 수익을 보장해주는 일이라고 말한다.

당장 수익을 많이 내자고 과도하게 접근하는 것이 아니라 시간이 걸리더라도 믿음을 심어줄 수 있는 영업의 활동들을 지속해서 해야 한다고 입을 모은다. 고수가 사용한 위대한 영업의 기술 중 최고는 단연 미래에 대한 자신감이 있다는 것이다. 우리들의 행동은 순간순간 여러 가지 대안 중에서 선택의 연속이다. 하나를 선택하면 다른 것을 포기해야 한다. 미래를 위하여 현재를 포기하는 것은 현재의 희생에 대한 대가가 미래에 더 큰 형태로 다가올 것으로 기대하기 때문이다. 그런데 미래는 본질에서 불확실하므로 여기에는 믿음(미래에 대한 자신감)이 필요하다.

나는 오늘의 영업인들이 가장 부족한 것이 바로 자신감이라고 본다. 수직적 상하 관계, 권위주의적 사고, 열등감 등은 미래에 대한 자신감의 부족에 기인하고, 이것은 근본적으로 상호 신뢰가 부족한 결과라고 본다. 그렇다면 이 문제의 해결 방안은 무엇일까? 무엇보다 영업 조직의 리더들이 앞장서서 희생하고 모범을 보여야 한다. 나와 함께 근무하고 있는 리더 위치에 있는 사람들의 희생과 모범은 조직에 대한 믿음을 낳고, 나도 노력하면 되겠다는 자신감을 심어준다.

자신감을 향상하는 가장 좋은 방법은 자신을 가치 있게 여기는 마음이다. 다음 질문에 답해보자.

- 고객이 만족할 만한 가치는 무엇인가?
- 고객이 나를 선택하는 가장 큰 이유는 무엇인가?
- 경쟁사 직원과 차별화된 나의 가치는 무엇인가?
- 내가 고객에게 제공할 수 있는 가치는 무엇인가?

위 질문에 거침없이 답변이 나온다면 이 책을 더는 읽지 않아도 된다. 이미 당신은 영업의 고수이기 때문이다. 하지만 1~2가지 대답만 나온다면 부디 끝까지 정독해주기를 간곡히 바란다. 어떤 기업은 상품과 서비스를 통해 경쟁사와 다른 고급스러움을 누릴 수 있는 가치를 고객에게 제공해준다. 고객은 이에 대해 기꺼이 자신의 지갑을 열어 돈을 지급할 준비가 되어 있다. 전 세계 수많은 사람이 구찌(Gucci)의 상품을 구매하는 데 상당히 높은 금액을 지급한다. 여기에는 가방의 가죽이나 재질, 원단, 디자인과 같은 품질 외에도 오랫동안 구찌가 정통성을 갖춘 명품임을 보여준 브랜드 관리 비용이 포함되어 있다. 결국, 고객은 상품과 함께 브랜드가 지닌 가치를 구매하는 데 돈을 내는 셈이다.

영업하는 우리는 다를 것 같은가? 절대 그렇지 않다. 우리의 고객도 수많은 회사, 영업사원 중 나를 선택하는 데는 분명한 이유가 있다. 한 영업 고수는 담당하는 고객의 시간과 수고를 덜어주는 가치를 제공한다. 고객에게 있어 시간은 금이고 황금이다. 매우 중요한 부분을 충족시켜주는 것이다. 다른 영업 고수는 이미지 관리에 달인이다. 가치가 비슷한 상품을 더욱 돋보이게 하는 것은 단연 디자인이다. 디자인은 고객이 기꺼이 돈을 지급할 수 있는 또 하나의 기준이 된 지 오래다. 이를 잘 알고 있는 영업 고수는 제품에 대한 지식은 기본, 자신의 이미지를 더욱 돋보이게 하려고 늘 가꾸고, 관리하는 모습을 고객에게 보여주는 것이다. 고객의 마음을 열고 싶은가? 프로다운 모습을 보여주기 위해 노력하라. 고수가 사용한 위대한 영업의 기술이라고 특별한 신기술이 아니다. 자신의 가치를 더욱 빛나게 해줄 자신만의 무기를 개발해 장착하기를 바란다. 지금 당장!

고수가 알려주는 영업의 핵심   03

우리의 고객도 수많은 회사, 영업사원 중 나를 선택하는 데는 분명한 이유가 있다.

마음을 여는
영업의
5가지
포인트

관계가 좋아야 영향을 끼칠 수가 있다. 내가 담당하고 있는 제품을 우리 고객에게 전달할 때 고객과 나와의 관계의 질에 따라 전달력에 차이가 분명히 난다는 사실을 알아야 한다. 역으로 말하면 영업인은 고객이 어떤 형태로 관계 맺기를 원하는지 명확하게 파악해야 한다. 직접 만나길 원하는가? 비대면을 통한 관계를 추구하는가?

더 나아가 영업인과 고객이 관계를 맺는 핵심 목표가 무엇인지 정의해야 한다. 신규 고객을 유치하기 위한 것인가? 기존 고객을 유지하기 위한 것인가? 고객 관계를 만들고 유지하는 목적은 시대에 따라 변화한다.

예를 들어 이동통신 산업이 도입된 초기에는 무료 휴대전화와 같은 공격적인 전술로 신규 고객을 유치하는 데 집중했다. 그러나 휴대전화를 사용하는 고객이 급속도로 늘어남에 따라 시장이 포화 상태에 이르렀다. 이에 기업은 기존 고객을 유지하기 위해, 즉 타 경쟁사에 고객을 뺏기지 않기 위해 고객들에게 더 이익이 될 수 있는 방향으로 집중하기 시작했다. 다양한 통신 서비스와 부가 서비스 등을 개발해 기업으로서는 수익을 더 높이는 데 고객 관계의 초점을 둔 것이다.

이처럼 우리가 비즈니스 영업의 핵심 목표를 어느 방향에 둘 것인가에 따라 특정 고객 관계를 수립하고 고객을 관리하는 방법도 달라진다.

판매 활동은 잠재 고객에게 상품과 서비스의 가치를 홍보해 구매 욕구를 느끼도록 만드는 것이다. 판매를 위한 전화, 광고를 계획해 고객에게 노출하는 것, 다양하고 흥미로운 판촉 활동을 위한 교육 및 훈련 모두 판매 활동에 포함된다. 다시 말하지만, 고객과 나와의 관계의 질에 따라 판매 활동의 성공 확률이 다르다.

그렇다면 지금 당장 우리가 해야 할 일은 무엇인가? 잠시 생각해보자.

그렇다. 어떻게 하면 나의 고객과 관계의 질을 높일 수 있을지에 대한 답을 스스로 찾아야 한다. 당신의 미래는 지금부터 시작이다. 지금으로부터 3년 후, 5년 후, 10년 후 당신은 어떻게 변화할까? 머릿속에 바로 떠오르는 모습이 있는가? 불행하게도 없다면 당신은 누구보다 영업을 더 잘하기 위해 노력해야 한다. 영업을 통해 비전을 발견해야 하고, 목표 설정을 해야만 한다.

영업과 목표 설정은 상호 보완적인 관계이다. 서로 부족한 부분을 도와준다는 의미다. 영업을 통해 목표를 이루고, 목표를 이루기 위해 영업을 하는 것이다. 영업하는 나의 목표가 없다면 어떨까? 영업하다 보면 지치고 힘든 순간이 한두 번이 아니다. 거절, 문전박대, 무시 등의 상황에 직면하게 된다. 당연한 일이다. 개의치 말자. 이럴 때 분명한 목표는 나를 이끌고 앞으로 나가게 한다. 목표의 힘이다.

영업하는 우리에게 영업을 통해 이루고 싶은 목표는 우리의 강점을 돋보이게 할 무기가 되어줄 것이다. 영업에서 목표를 달성해 계약을 이뤄내는 것은 모두의 공통적인 일이지만, 나만의 영업을 통해 이루고 싶은 목표를 설정하는 일은 소수의 사람만이 할 수 있는 일이기 때문이다.

그리고 그보다 더 소수의 영업인만이 주변 사람들의 마음을 여는 영업의 원리를 개인의 목표에 적용해 변화와 혁신을 시도할 수 있다.

현대의 모든 영업인은 돈을 목표로 한다. 나도 그렇다. 너무나도 당연한 일이고, 사실이다. 하지만 소수의 영업 고수는 자신의 고객이 성과를 달성하도록 돕는 것이 그들의 목표이다. 고객의 목표 달성을 어떻게 하면 더 잘 도와줄 수 있을지를 끊임없이 고민하는 사람들이다. 돈은 그 이후 자연스럽게 따라오는 결과물인 것을 누구보다 잘 알고 실행하는 사람들이다.

나는 영업을 지속할 수 있게 만들어주는 '고객과 돈'이라는 영업의 기본 원리를 깨달았다. 어떤 기업도, 영업인도 수익을 만들어주는 고객이 없다면 살아남을 수 없기 때문이다. 모든 영업인은 고객이 요구하는 서비스나 상품을 제공한다. 영업인 대부분은 그들이 제공한 서비스와 상품에 대가를 지급하는 고객과 거래한다. 하지만 때로는 무상으로 고객에게 자신의 가치를 제공하기도 한다. 고객들은 서로 유기적으로 연결되어 있으므로 자신의 홍보 효과도 있다. 따라서 직접 수익을 내지 않는 무료 고객도 결국에는 영업의 성공을 위한 필수 불가결한 존재다.

마음을 여는 영업을 하기 위해서는 고객에 관해 알아야 할 세 가지가 있다.

첫째, 고객은 다양한 가치와 채널, 관계가 필요하다.
둘째, 직접 수익을 제공하는 유료 고객과 함께 무료 고객도 존재한다.
셋째, 영업인은 자신의 목표 달성을 도와주는 주요 고객에 대한 정보를 파악하고 있어야 한다.

영업의 핵심이 고객이라면, 수익은 그 핵을 둘러싸고 있는 매우 커다란 힘이다. 영업인은 '고객은 어떤 가치를 위해 기꺼이 돈을 지급하는가?'를 알고 있어야 한다. 이 질문에 대한 답을 찾은 다음에는 지속해서 가치를 전달하기 위한 전략적인 방법을 생각하고, 실행해야만 한다.

실행력을 높이기 위한 구체적인 나만의 아이디어, 주변인들의 도움은 어떻게 받을 수 있는지, 언제 실행하면 더 좋을지 등에 대한 고민을 수시로 해야 한다. 여기에 중요한 한 가지가 더 있다. 바로 판매 활동이다. 결국, 내가 존재하는 이유는 고객에게 내 제품을 판매하기 위해서다. 잠재 고객에게 상품과 서비스의 가치를 홍보해 구매 욕구를 느끼도록 만드는 것이다. 판매를 위한 전화, 광고를 계획해 고객에게 노출하는 것, 다양하고 재밌는 판촉 활동을 위한 교육 및 훈련 모두 판매 활동에 포함된다.

여기에서 명심해야 할 부분은 고객은 영업인의 활동 자체보다는 그로 인해 자신이 얻을 가치에 더 큰 관심을 보인다는 것이다. 따라서 영업인의 모든 활동은 고객에게 제공할 가치를 키우는 방향으로 설정해야 한다.

관계와 핵심 목표, 판매 활동, 고객과 돈, 실행력 위 다섯 가지는 마음을 여는 영업을 하는 영업인들이 꼭 중요하게 여겨야 할 것들이다. 고객에게 끌려 다니는 영업 말고 내가 끌어가는 영업을 하자. 내가 주체가 되어야 한다. 내 고객과 자신에게 떳떳한 영업인으로 사는 삶을 산다면 당신에게 감동한 고객들이 나에게 끌려온다. 내가 이룬 영업이 다른 사람이 꿈꾸는 영업이 될 수 있다.

미국 자동차 판매왕 조 지라드(Joe Girard)의 명언 중 "성공으로 가는 엘리베이터는 고장입니다. 당신은 계단을 이용해야만 합니다. 한 계단 한 계단씩." 성공한 대다수 사람이 말하는 공통점이 있다. 서두르지 않고, 급하지 않게 하나씩 이뤄나가야 한다는 것이다. 마음을 여는 영업도 한 번에 되는 일은 절대 없다. 모래성을 쌓지 말고, 단단하게 준비해서 나아가야지 오래도록 성공할 수 있는 것이다.

지금 상황이나 생활에 만족하는가? 절대 이룰 수 없는 그 목표를 위해 도전해보자. 당신의 내면은 생각보다 단단하다.

고수가 알려주는 영업의 핵심　　　04

관계와 핵심 목표, 판매 활동, 고객과 돈, 실행력 이 다섯 가지는 마음을 여는 영업을 하는 영업 고수들이 꼭 중요하게 여겨야 할 것들이다. 고객에게 끌려 다니는 영업 말고 내가 끌어가는 영업을 하자. 내가 주체가 되어야 한다.

05

고객의
심리를
영리하게
역이용하라

  영업에서 말의 내용이 중요한가? 고객과의 관계가 중요한가? 이 책을 읽고 있는 당신 생각은 어떤가? 영업 현장에선 관계가 말의 내용에 우선한다. 고객이 나에 대해 좋은 감정이 있고, 내가 고객에게 믿을 만한 사람이라는 인식을 심어주었다면, 나의 제안을 받아들일 가능성이 훨씬 커진다. 영업인의 말이 중요한 게 아니다. 내가 평상시에 고객에게 어떤 감정을 갖고 대했는지에 따라 나의 수용성은 달라진다.

  하지만 불행히도 현장에서 고객과의 관계보다는 자기 생각을 일방적으로 전달하려고 하는 목표에 집중하여 고객이 불편한 감정을 느끼게 하는 영업인들이 더 많은 게 현실이다.

영업 현장에서도 우리는 이런 경우를 자주 목격하게 된다. 제품을 납품하기로 하고, 납품 일자를 정하는데 고객이 "다른 회사와 거래하기로 했다."라고 한다. 고객이 어제 내 브랜드를 선택했다고 하더라도 여러 가지 이슈로 인해 내 브랜드보다 더 큰 혜택을 얻을 수 있는 브랜드가 있다면 고객은 경쟁 브랜드를 선택할 수도 있다.

여기서 중요한 부분은 영업 하수의 경우는 이 얘길 듣고 당황하며 상사에게 이렇게 보고한다는 것이다. "다른 회사와 거래하기로 했답니다. 우리 조건이 마음에 들지 않는 것 같아요…."

영업 하수는 고객의 보이는 부분만 보고 판단한다. 고객의 내면에 있는 진짜 심리를 확인해야 한다. 우리 제품을 납품하기로 했는데, 다른 회사와 거래하기로 한 고객의 진짜 심리는 무엇일까? '가격, 디자인, 품질, 영업사원의 태도' 등 다양한 이슈가 있을 수 있다. 영업을 잘하는 고수는 고객이 말을 바꿨을 경우 그 내면에 있는 진짜 고객의 심리, 욕구를 파악하기 위한 질문을 던진다. 그리고 경청한다.

그래서 영업의 핵심은 이 문장 하나로 요약된다.

"고객의 진짜 심리는 보이지 않는 곳에 있다. 그곳을 볼 줄 아는 자가 고수다."

결국, 영업이란 고객의 심리를 발견해내는 게임이다. 고객이 진짜로 원하는 것이 무엇인지, 고객은 지금 내 얘기를 잘 듣고 있는지, 고객이 말하는 부분과 말하지 않는 부분은 무엇인지 등에 대해 여러모로 살펴봐야 한다. 더욱이 오늘날 고객이 선택할 수 있는 새로운 대체 브랜드는 수없이 많다.

치열한 경쟁의 현장에서 고객이 내 브랜드를 선택하기 위해서 내 고객이 누구인지, 어떠한 특성이 있는지, 고객의 진짜 심리를 이해하는 노력과 시간이 필요하다. 겉과 속이 다른 고객의 심리를 파악해야만 영업의 고수가 될 수 있다.

이 책을 읽고 있는 독자들에게 도움이 될 수 있는 고객의 심리 세 가지를 제시하고자 한다.

첫째, "알아서 해주세요."라는 심리다. 우리의 고객은 영업인이 알아서 해주기를 기대하고 있다. 고객의 심리를 이해하려는 노력을 통해 내 브랜드에 대한 고객 만족, 감동, 행복으로 연결되고 결국 내가 원하는 목표를 얻는 것이 영업이다.

둘째, 현재 고객이 안고 있는 문제점이 무엇인지 먼저 파악하는 습관이 중요하다. 고객이 알고 있거나, 잘 알지 못하는 고객의 현재 어려움, 고민을 내가 담당하는 제품이 해결해줌으로써 고객을 기쁘게 해주는 것이 영업이다.

셋째, 내가 본 좋은 사례는 고객에게 적극적으로 공유한다. '나는 항상 당신에게 관심이 있어요. 당신을 도와줄 준비가 되어 있는 영업인입니다.'라는 느낌을 고객에게 지속해서 어필할 기회를 만들어야 한다. 사람은 누구나 나에게 관심을 두는 사람에게 호감이 가는 법이기 때문이다.

영업을 잘하는 사람과 못하는 사람의 차이는 뭘까? '나를 보느냐, 너를 보느냐?'다. 이와 관련하여 주변을 둘러보자. 지인 A는 만나는 상상만 해도 기분이 좋아진다. A와 함께 있으면 시간 가는 줄도 모르고, 편안한 느낌마저 들어서 너무 좋다. 지인 B는 어쩔 수 없이 만나야 하는 상황이다 보니 만나면 어색하고, 불편하다. 이와 관련하여 A와 B의 차이를 어떻게 설명할 수 있을까?

A는 내 이야기를 잘 들어준다. 질문도 주거니 받거니 서로 소통하고 있다는 느낌이 든다. 반면 B는 자기 이야기만 늘어놓는다. 혼자 웃고, 떠들고 시끄럽기만 하고 귀에 들어오지 않는다. 관심 없는 이야기라 집중도 안 된다. A는 나를 바라봐주고 있다는 생각이 드는 반면 B는 나에게 관심이 없다고 느껴진다.

영업이란 '내 얘기' 하는 자리가 아니다. 고객의 관점에서 고객이 관심 있어 하는 얘기를 하는 자리다. 그렇다면 어떻게 해야 고객의 관점에서 얘기할 수 있을까? 내가 주로 사용하는 방법은 바로 지인 기회다. 고객과 함께 일하고 있는 분들과 먼저 친해지려고 노력하는 편이다. 자연스럽게 고객의 관심사에 대해 파악할 기회가 생기기 마련이다. 고객의 기호, 습관, 심리에 대해서도 알 수 있다.

고객에 대해서 알아야 길이 보인다. 길은 곧 방법이다. 방법을 알았다면 실행하면 된다. 언제까지? 고객의 마음을 얻을 때까지. 알면 참 쉬운 게 영업이다. 나는 영업 강의를 시작할 때 이런 프로세스로 자주 진행한다. 그런데 사실, 이 프로세스로 진행하기 위해 먼저 명확히 해야 할 게 있다. 바로 '영업이란 무엇인가?' 하는 거다. 영업을 어떻게 정의하느냐에 따라 프로세스가 맞을 수도 있고 그렇지 않을 수도 있다는 얘기다.

이 책을 읽는 당신은 영업을 무엇이라 생각하는가?

누군가는 이렇게 말한다.

"영업이란 내가 원하는 목표를 달성하는 것이다."

이를 우리는 구시대적인 영업의 발상이라 한다. 영업을 이렇게 정의하다 보니 문제가 생긴다. 일단 내가 원하는 목표를 달성할 때까지는 좋다. 하지만 다음에 또 만나기가 꺼려지고, 불편해진다. 그래서 나는 영업을 이렇게 정의한다.

"영업이란 인생이다. 인생은 영업이다."

우리가 살아가는 동안 수많은 사람을 만나고, 스쳐 지나가면서 일어나는 일련의 모든 활동이 영업이다. 다시 말해 영업을 바로 알면 인생이 술술 풀린다. 이것이 바로 영업이다. 이를 쉽게 이해하기 위해 예를 들어보자.

당신은 영업 담당 팀장이다. 중요한 고객과 함께 골프 라운딩을 나가게 됐다. 사실 당신은 골프를 아주 잘 치는 싱글 골퍼이다.

영업 팀장 골프 좋아하세요?

고객 그럼요, 아주 좋아해요.

영업 팀장 자주 나오세요? 저는 자주 못 나와요.

고객 일주일에 한 번씩 나오죠.

영업 팀장 정말 잘 치시겠네요. 잘 부탁드립니다.

고객 재밌게 쳐요. 오늘 쳐보고 같이 자주 나오죠.

영업 팀장 네, 너무 좋죠. 감사합니다.

누구보다 골프에 진심인 당신은 그날 상대의 실력에 맞춰 조절하며 게임을 즐겼다. 제품, 가격 등 담당하고 있는 제품에 대해서는 전혀 말하지 않았다. 골프 치는 4시간 동안 서로 살아가는 소소한 일상에 관한 이야기만 했을 뿐이었다. 그런데 라운딩이 끝난 후 상대는 당신에 대해 이렇게 생각하게 된다.

'저 친구, 사람 참 괜찮네. 나중에 기회 되면 골프 또 치고 싶네.'

방금 당신은 영업했는가? 안 했는가? 영업을 잘하고 싶으면 인생을 배울 기회를 자주 만들면 된다. 인문학, 역사, 철학, 심리학 등 전 분야와 연결된 업이 바로 영업이기 때문이다.

고수가 알려주는 영업의 핵심   05

결국, 영업이란 고객의 심리를 발견해내는 게임이다. 고객이 진짜로 원하는 것이 무엇인지, 고객은 지금 내 얘기를 잘 듣고 있는지, 고객이 말하는 부분과 말하지 않는 부분은 무엇인지 등에 대해 여러모로 살펴봐야 한다.

06

고객을
내가 원하는
틀에
가둬라

우리는 매일 영업한다. 집에서는 평생의 동반자인 배우자와 영업한다. 회사에서는 상사, 부하, 동료와 원하든 원하지 않든 매일 영업한다. 착각하지 말자. 영업이란 무작정 찾아가서 물건 사고, 팔고 그런 게 아니다. '인생에서 더 큰 가치를 키우기 위한 의사소통의 과정'이다.

의사소통이란 사람들 간에 생각이나 감정 등을 교환하는 행위를 말한다. 의사소통은 언어적 의사소통과 몸짓이나 자세, 표정, 눈 맞춤, 목소리, 억양 등과 같은 비언어적 의사소통을 통해서도 이루어질 수 있다. 뛰어난 영업인은 남들 다 하는 방식이 아니라 자신만의 의사소통을 하는 사람이다.

자신만의 의사소통을 하는 사람은 누구일까? 어떤 상대를 만나든 상관없이 일관적인 태도로 대화를 이끌어나가는 사람을 말한다. 때론 나보다 월등한 지적 능력을 갖춘 고객을 상대로 내가 원하는 답을 끌어내야 하는 영업이 있다. 예를 들어 제약 영업, 사료 영업 등의 경우를 보자. 제약 영업 담당자의 고객은 의사와 약사이다. 사료 영업 담당자의 고객은 농장주이다. 우리는 이런 사람을 '전문가'라고 부른다.

회사에서 업무상 전문가 고객을 만난다거나, 나와 경쟁 관계에 있는 다른 영업인을 만난다거나, 심지어 내가 잘 모르는 분야에 대해 잘 아는 누군가를 만난다면, 이들은 모두 내게 전문가라고 할 수 있다.

한마디로, '전문가' 고객들은 그들의 영역에서 최고 수준의 지식을 자랑하는 사람들, 나보다 더 많은 정보를 가진 사람들이라 할 수 있다. 그러면 나보다 더 뛰어난 이 고객들은 어떻게 상대해야 할까? 먼저 명심해야 할 것은, 전문가인 고객을 상대하는 최대의 무기는 바로 '자신감'이라는 것이다.

혹시 당신은 전문가와 그의 전문 영역에 관해 대화할 때 긴장하거나 당황하지 않는가?

'내가 전혀 엉뚱한 질문을 하는 거 아닌가?'
'너무 초보적인 질문이라 날 비웃지는 않을까?'

이런 마음은 전문가인 고객 앞이라면 어느 영업인이나 들게 마련이다.

하지만 내가 아무 말도 하지 않고, 대화하려고 시도하지 않으면 고객을 내 편으로 만들 확률은 제로 상태이다. 자신감 있는 태도로 말문을 열고 적극적으로 나아가 내가 원하는 것을 얻어야 한다.

대개 우리가 전문가인 고객을 상대해야 하는 상황에서는 내가 묻고 고객이 대답하는 경우가 대부분인데 바꿔 말하면 우리에게 이처럼 큰 기회도 없다. '영업력' 자체가 이처럼 '자신감 있는 태도로 나가는 기술'이기 때문이다. 묻는 상황, 즉 질문을 던지는 것 자체가 내가 원하는 틀에 고객을 가두는 것이다. 일방적으로 내가 질문하고 고객이 대답하는 상황이라면 얼마든지 질문만으로 내가 원하는 상황을 연출할 수 있다.

물론 그래도 전문가인 고객을 상대하는 일은 역시 어려운 일이라는 사실을 누구보다 잘 알고 있다. 내가 제약회사에서 제약 영업을 십수 년 간 하면서 최우수 영업사원과 전국 영업 1등의 영광을 안을 수 있었던 이유는 고객인 의사보다 더 다양한 지식을 취해서가 아니라 잘 알지 못해도 자신감 있는 태도로 질문하고, 들었기 때문이었다. 일단 의학 용어를 알 수가 없다.

의사뿐이겠는가. 변호사, 판사, 설계사, 건축가, 엔지니어 등 그 분야의 전문가를 고객으로 상대하는 것은 정말 어려운 일이다. 그렇다고 해서 전문가인 고객을 상대하는 법이 없는 것은 아니므로, 지금부터는 현장에서 전문가인 고객을 상대해야 했을 때 나는 어떤 식으로 했는지를 말해보겠다.

영업인으로서의 경험상, 전문가인 의사 고객에게 질문할 때 고객의 전문 영역에 대해 아무 준비도 없이 미팅을 진행하는 것은 정말 어리석은 일이다. 누구보다도 바쁜 고객을 만날 기회를 만들지 못할 수도 있고, 만나더라도 아무 말도 못 하고 명함만 전달하고 나와야 할 것이다.

내가 앞에서 자신감을 가지라고는 했지만, 무턱대고 들이대라는 얘기는 아니다. 일단 내가 주도권을 쥐고 있으므로, 전문가인 고객을 만나기 전에 상대의 전문 영역에 대해 철저하게 공부하는 게 우선이다. 즉 준비만이 살길이다. 실제 현장에서 내가 사용했던 질문의 기술을 예로 들어 보겠다.

"원장님, 자궁경부암 백신을 남자도 맞아야 하나요?" 하고 묻는 것이다.

자궁경부암은 여성 생식기에 발생하는 암 중 국내에서는 가장 흔한 암으로, 2017년 국가암등록통계에 따르면 전체 여성 암 발생의 3%를 차지하고 있다. 자궁경부암의 발생률은 과거에 비하여 다소 감소하고 있지만 15~34세의 여성에서 발생하는 암 중에서는 세 번째로 많이 발생하고 있다고 한다. 원인으로 사람유두종 바이러스(Human Papilloma Virus,

HPV)가 중요한 역할을 한다고 널리 알려져 있다. 사람유두종바이러스는 사람의 몸에서 사마귀 등을 일으키는 흔한 바이러스이다.

만약 고객이 "인유두종바이러스 백신은 자궁경부암 외에 항문암, 성기암 및 두경부 종양 등 관련 질환에도 효과가 있으므로 남성에도 도움이 됩니다."라고 말한다면,

"그러면 지난 1년 동안에 접종한 남성의 사례는 얼마나 되나요?" 하고 묻는 식이다. 물론 그러면 "올해는 아직 접종해본 적이 없습니다."라거나 "한 번 접종해봤습니다." 정도의 대답이 돌아올 것이다. 당시 자궁경부암 백신은 여성들만 접종하는 병원이 다수였다. 이를 남성도 접종하게끔 질문을 던진 것이었다. 자궁경부암 백신은 여성들이 접종해야 한다는 원래의 초점에서 남성들도 접종해야 한다는 식으로 관점을 전환했다. 그 결과 병원에서 남성들도 접종하는 사례가 늘어나는 결과를 얻을 수 있었다.

전문 지식으로 들어가면 나는 전문가인 고객에게 휘둘릴 수밖에 없다. 상대보다 모르기 때문이다. 내 경우엔 전문가들인 의사를 주로 상대하기 때문에, 그의 전문 지식에서 그의 경험이나 사례로 초점을 옮기는 질문을 많이 사용한다. 간혹 우리는 전문가를 너무 과대평가하는 경향이 있다. 특히 의사처럼 전문 영역이 세분된 경우에는 다른 분야에 대해서는

영업인들보다 잘 모르는 경우도 많이 보고, 경험했다.

현장에서 지레짐작해서 기죽을 필요도, 주눅들 필요도 전혀 없다. 나는 특히 영업 현장에서 내가 직접 보고, 듣고, 느낀 것이 아닌 경우는 믿지 않는 편이다. 누가 뭐라고 해도 직접 눈으로 보고, 귀로 듣고, 마음으로 느낀 경우를 제외하고는 참고만 하는 편이다. 미리 걱정하지 말자. 당신의 자신감은 이미 충분하다.

고수가 알려주는 영업의 핵심 06

묻는 상황 즉 질문을 던지는 것 자체가 내가 원하는 틀에 고객을 가두는 것이다. 일반적으로 내가 질문하고 고객이 대답하는 상황이라면 얼마든지 질문만으로 내가 원하는 상황을 연출할 수 있다.

1장 고객의 마음을 사로잡는 영업 갑부의 7가지 비밀 51

현장에서
고객에게
무엇을
해야 할까

최근 그레이팅 업계를 선도하는 제조업 중소회사 대표님으로부터 영업 조직에 대한 강의와 직원에 대한 컨설팅 의뢰가 들어왔다. 이야기를 자세히 들어보니 대표님께서 직접 영업 직원 3명을 채용하신 경우다. 타 업종의 영업에서 공격적인 영업으로 높은 성과를 보였던 영업 직원을 채용한 후 초반에는 잘했다고 한다. 하지만 시간이 지나도 스스로 변화되고, 발전하려는 모습보다는 현재에 안주하는 모습에 답답함을 호소하셨다.

대표님이 영업 직원에게 원하는 목표는 한 가지였다. 현재 판매하는 제품에 대한 전문적인 지식 습득을 바탕으로 영업 루트를 직접 개발해서 성과를 보여주었으면 하는 것이다. 신규 개척에 대한 부분보다는 기존 대표님께서 직접 발굴하셨던 거래처 관리 정도만 하니 답답한 노릇인 상황이었다.

주 고객은 관공서, 지자체 공공기관, 토지주택공사, 산업단지공단, 각 시청, 도청 등에서 업무를 담당하는 공무원이다. 2008년, 법인을 설립해서 현재 조달청, 나라장터에 총 54개의 경쟁 업체가 등록해서 영업에 열을 올리고 있다. 대표님 회사는 업계에서 TOP 5에 있는 상위 업체이다.

대표님께 물었다.

"대표님, 공무원들이 54개의 업체 중에 선정 업체 정하는 기준은 무엇인가요?"

"네, 좋은 제품을 만들어서 안정적으로 유통할 수 있는 건실한 회사죠."

"대표님, 이론적인 내용은 잘 알겠습니다. 하지만 공무원들이 제품에 대한 질이나 어떤 제품이 좋은지에 대한 선별도가 낮을 것 같은데 어떻게 생각하세요?"

"네, 사실 맞습니다. 선정 업체 기준은 관계입니다."

"관계요?"

"네, 공무원과 영업인과의 관계가 매우 중요한 사항입니다."

"그렇군요. 잘 알겠습니다."

결국, 영업은 관계다. 영업인과 우리 제품을 직접 사용해본 구매 담당자가 바로 우리의 진짜 고객이다. 고객과 어떻게 관계를 잘 만들어갈 것인지를 고민하면 된다. 나는 이 부분에 맞춰 강의와 컨설팅을 진행했고, 성공적으로 마칠 수 있었다. 이후 대표님과 나는 좋은 인연으로 발전해 장기적인 계획을 갖고 대표님 회사의 영업 교육을 담당하게 되었다.

한번 생각해보자. 20년 된 진짜 친한 친구가 하는 말을 믿겠는가? 미국 하버드 대학 출신의 명석한 두뇌를 가진 처음 만난 사람이 하는 말을 믿겠는가? 당연히 친구 말을 들을 것이다. 이게 바로 관계의 힘이다. 내가 누군가에게 영향을 미치고 싶다면 관계 먼저 형성이 된 이후에 가능한 일이다.

코로나19 이전에 다양한 공모전에 선발되어 중국에 진출한 대한민국 기업들의 현장에서 수업을 배웠던 적이 있었다. 일주일 동안 매년 10% 이상 고도 성장을 지속하고 있는 중국의 경제 현장을 둘러본 경험은 지금도 잊지 못할 소중한 추억이다. 특히 베이징, 상하이, 쑤저우, 쿤산 등의 지역을 방문해 그곳에 진출한 현대자동차와 포스코(POSCO) 등의 한국 기업 현지 공장을 방문했다.

이때 처음 알게 된 중국의 꽌시 문화가 꽤 인상적이었다. 꽌시란 '관계'를 뜻하는 말로 중국의 오래된 차등 의식에서 비롯된 중국 전통이다. 쉽게 말해 인맥을 중시하는 문화다. 즉 '나와 가까운', '나와 친분이 있는' 관계의 중요성을 강조하는 것이다. 이 관계 문화는 비단 중국의 문화가 아니라 영업에서도 적용이 될 수 있다.

그렇다면 우리 영업인들이 현장에서 고객에게 무엇을 해야 할까? 고객과의 관계를 어떻게 형성하고, 발전시켜가야 하는지에 대한 방법을 고민해야만 한다.

소아청소년과 원장과의 관계를 형성하기 위해 풍선 기술을 배워 진료 전 대기실에 앉아 있는 아이들을 위해 다양한 동물, 꽃 풍선 모양의 요술 풍선을 만들어 전달했다. 병원 직원 교육의 중요성을 항상 강조하시는 내과 원장과의 관계를 형성하기 위해 병원 전 직원에 대한 친절 교육 및 특강을 제안하고, 실행했다.

여름에는 아이스박스에 시원한 음료를 가득 담아 거래처를 돌며 직원들을 감동하게 했고, 겨울에는 집에서 새벽부터 직접 끓인 대추차를 담아 돌리기도 했다. 매년 병원 신년회와 송년회에 거래처 임직원들의 웃음과 재미를 위해 사회자, 진행자, MC로 변신해 무대에 오르기도 했다.

거래처에 일손이 부족하면 쉬는 날에도 영업 현장에 나가 도움을 드렸고, 내가 할 수 있는 최선을 다했다. 고객의 마음을 열기 위해, 거래처 직원들과의 관계를 만들기 위해 한 번의 이벤트가 아니라 꾸준히, 지속해서 두드렸다. 그 결과 'TOP PERFORMER', '최우수 영업사원', '올해의 영업사원', '전국 영업 1등'의 영광을 얻을 수 있었다.

『거절에 대처하는 영업자의 대화법』을 출간하고, 첫 출간 기념회를 준비하며 장소 선정을 위해 알아보는 데 비용이 만만치 않았다. 당시 마음에 딱 들었던 장소는 개업한 지 얼마 되지 않는 패밀리 레스토랑 내에 있는 200석 규모의 공연장이었다. 보자마자 '아늑하다, 따뜻하다'는 느낌을 받고, 대관 비용을 알아보니 역시 비쌌다.

중심 인물인 레스토랑 점장의 관심사 혹은 문제점 파악을 위해 직원들에게 확인해보니 레스토랑의 홍보였다.

나는 즉시 점장을 만나 제안했다.

"안녕하세요. 점장님. 저는 인생의 첫 책을 출간한 작가입니다. 인생의 첫 출간 기념회를 점장님 레스토랑 내 공연장에서 열고 싶습니다. 행사 당일 약 150명의 지인과 독자분들이 오십니다. 그분들은 모두 온라인에서 영향력 있는 사람들입니다. 대관 허락해주시면 오시는 분들에게 이곳 레스토랑을 촬영해 온라인, SNS, 블로그 등에 포스팅해서 적극적으로 홍보할 수 있도록 돕겠습니다."

결과는 어땠을까? 난 그곳에서 성공적으로 출간 기념회를 열 수 있었고, 비싼 대관료 대신 10만 원에 빌릴 수 있었다. 내가 생각하는 영업은 바로 이거다. 고객의 관심사 혹은 이슈를 파악하여 내가 그 부분을 해결해주는 것. 그것을 통해 내가 원하는 부분을 얻을 수 있다.

영업력의 힘은 고객의 마음을 여는 데만 있지 않다. 고객의 마음을 흔들어 내가 원하는 대로 움직이게 하는 것이야말로 영업력의 놀라운 힘이다. 이것은 특히 고객을 조종해서 내가 원하는 방향으로 이끌 때 효과적이다. 고객을 움직이고 마음을 여는 영업력의 힘은 결코 일방적으로 전달하거나 강요하는 데서 나오는 것이 아니다.

고객이 현재 안고 있는 문제점 혹은 관심사 파악부터 시작해서 그 가려운 부분을 내가 콕 집어 긁어줄 수 있어야 한다. 고객 마음속에 있는 무수한 문제들과 이슈 앞에 자연스럽게 다가가 고객 마음에서 구매 욕구가 우러나오게 하는 것. 이것이 바로 영업력의 힘이다.

고수가 알려주는 영업의 핵심   07

결국, 영업은 관계다. 영업인과 우리 제품을 직접 사용해본 구매 담당자가 바로 우리의 진짜 고객이다. 고객과 어떻게 관계를 잘 만들어갈 것인지를 고민하면 된다.

고객의 마음을 완전히 사로잡아라

고객의 마음을 여는 영업의 힘 첫 번째는 꾸준함, 두 번째는 목표, 세 번째는 차별화이다. 다른 영업인들과 차별화되는 나만의 목표를 향해 꾸준히 나아간다면 하는 영업 활동을 더 신나게 할 수 있을 것이다. 또한, 현장에서 부딪치는 어려움도 나만의 이야기가 되어 훗날 나를 더 빛나게 해줄 것이 분명하다.

억울한 일이 있더라도 일단 버텨보는 것도 괜찮다. 그냥 버티는 것 말고 현장에서 고객들과 함께 내가 할 수 있는 최선의 노력을 다한다면 언젠가는 고객과 직장 선배들에게 인정받는 날이 올 수 있다. 어떤 분야이든, 일이든 영업을 확실히 배워둔다면 어디에서든지 성공의 디딤돌이 된다.

시간을 활용할 것인가? 이용할 것인가? 이는 전적으로 우리에게 달려 있다. 하루는 고작 24시간뿐인데 정해진 시간을 어떻게 활용하느냐가 바로 영업 성공의 열쇠이다. 영업인이라면 시간 관리는 필수 기술이다.

영업과 목표 설정은 상호 보완적인 관계이다. 서로 부족한 부분을 도와준다는 의미다. 영업을 통해 목표를 이루고, 목표를 이루기 위해 영업을 하는 것이다. 영업하는 나의 목표가 없다면 어떨까? 영업하다 보면 지치고 힘든 순간이 한두 번이 아니다. 거절, 문전박대, 무시 등의 상황에 직면하게 된다. 당연한 일이다. 개의치 말자. 이럴 때 분명한 목표가 있다면 나를 이끌고 앞으로 나가게 한다. 목표의 힘이다.

그래서 영업의 핵심은 이 문장 하나로 요약된다.

"고객의 진짜 심리는 보이지 않는 곳에 있다. 그곳을 볼 줄 아는 자가 고수다."

결국, 영업이란 고객의 심리를 발견해내는 게임이다. 고객이 진짜로 원하는 것이 무엇인지, 고객은 지금 내 얘기를 잘 듣고 있는지, 고객이 말하는 부분과 말하지 않는 부분은 무엇인지 등에 대해 여러모로 살펴봐야 한다. 더욱이 오늘날 고객이 선택할 수 있는 새로운 대체 브랜드는 수없이 많다.

치열한 경쟁의 현장에서 고객이 내 브랜드를 선택하게 하기 위해서 내 고객이 누구인지, 어떠한 특성이 있는지, 고객의 진짜 심리를 이해하는 노력과 시간이 필요하다. 겉과 속이 다른 고객의 심리를 파악해야만 영업의 고수가 될 수 있다.

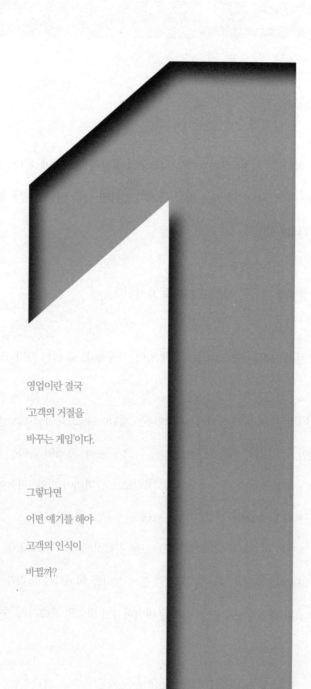

영업이란 결국
'고객의 거절을
바꾸는 게임'이다.

그렇다면
어떤 얘기를 해야
고객의 인식이
바뀔까?

2장

거절 고객의
핵심을 찌르고
판을 뒤집는
7가지 기술

01

과연
거절은
믿을 수 있는
것인가?

뛰어난 영업력을 가진 영업 고수는 고객에게 거절을 당할 때 고객에게 더 집중한다. 그래서 고객의 관심사나 이슈가 무엇인지를 파악하기 위한 창의적 대안을 만든다. 그렇다면 누가 이런 창의적 대안을 잘 만들까? 누구는 말한다. "영업 경험이 많아야 한다."라고. 하지만 아니다. 말을 잘해야 할까? 그것도 아니다. 다시 말해, 창의적 대안을 만드는 데는 정해진 방법론이 존재한다. 창의적 대안을 만드는 첫 번째 방법은 '이슈 파악하기'이다. 이는 고객의 관심사 혹은 문제점을 파악해 고객의 또 다른 욕구를 만족시키는 영업력이다. 예를 들어보자. 분만 여성병원에서 곧 있을 '산모 교육의 날'에 약 150여 명의 산모가 참여해 강의도 듣고, 다양한 이벤트 및 행사를 진행한다.

1년에 한 번씩 진행되는 병원에서 아주 중요한 날이다. 이때가 되면 거래처 고객들은 예민해지기 마련이다. 중요한 행사를 잘 치르기 위해 준비해야 할 사항들이 많이 있기 때문이다. 나는 입구부터 출구까지 동선 파악, 행사장 준비 점검표, 강사 대기실, 행사장, 테이블, 강사 섭외, 이벤트 기획 등 행사 기획부터 운영까지 모든 부분의 준비와 진행을 사무장과 함께 준비한다.

성공적으로 행사를 마무리한 후 고객들은 나에게 무척이나 고마워한다. 이후 고객은 나를 불러 조용히 말한다. "담당하는 제품 바로 준비해줄 수 있나요?"라고. 공감되는가? 이렇게 영업 현장에서 고객에게 거절을 당한다고 상처받을 이유가 전혀 없다. 고객은 나를 거절하는 것이 아니라 "알아서 해주세요."라는 무언의 신호를 보내는 것이다.

오히려 거절을 통해서 고객과의 관계를 재정립하는 사람. 바로 영업력이 좋은 영업 고수의 특징이다.

코로나 팬데믹 동안 사회적 거리 두기가 길어지면서 현장에서 고객 만나기도 더 어려워졌다. 고객들과 만남도 줄고 영업 활동을 하기도 더 어려워졌다. 하지만 이럴 때 기회를 보는 이들이 있다. 습관을 바꾸고, 행동을 바꾸는 사람들이다. 우리가 의식이 없거나 습관이 바뀌기 전까지는 행동은 무의식이 지배하고 과거의 습관을 따른다.

우리 삶을 의식이 지배하는 것 같지만 사실상 인간의 정상적 삶의 대부분은 무의식과 습관이 지배한다. 우리의 습관은 수백억 개의 신경세포와 수조 개의 시냅스로 구성된 뇌 신경회로에 의해 결정된다. 습관을 바꾸기 위해서는 수개월의 시간이 필요하다. 생각을 바꾸고 수집되는 정보에 대한 반응과 행동을 의식적으로 바꾸어 수많은 행동을 반복해 최소 3개월 이상 지속해야만 습관을 지배하던 뇌가 바뀐다.

고객의 거절은 당연한 일이다. 포기할 필요가 없다. 거절당하더라도 스스로 "괜찮아. 다시 시작하면 돼."라며 스스로 동기 부여를 하는 것이 필요하다. 상사와 후배, 직장 동료들의 격려와 칭찬도 도움이 된다. 천리 길도 한 걸음부터다. 넘어지면 다시 시작하면 된다. 그러다 보면 어느 날 아침에 고객과 함께 웃는 자신의 모습을 보게 될 것이다. 오히려 처음 만난 고객이 웃으면서 나를 맞아준다면 좋아할 게 아니라 이상하게 생각해야 한다. 그렇다고 선입견을 품지는 말자. 이 고객이 나를 환대해준다면 분명 이유가 있을 것이다. 그 이유를 명확하게 밝혀내는 것이 먼저다.

고객의 거절을 거절하는 또 다른 방법은 바로 '관계'다. 앞에서도 관계의 중요성에 대해 계속해서 말했다. 영업인이 고객과 인간적인 관계를 더 맺을수록 영업 결과는 더 좋아지고, 서로 더 많이 얻을 수 있다. 이 말을 오해해서는 안 된다. 단순히 고객의 비위를 맞춰주며 접대하라는 얘기가 아니다.

서로에 대해 더 많이 알수록 거절은 줄고, 실적은 올라간다. 본격적으로 말해 영업이란 결국 '고객의 거절을 통해 관계를 맺는 게임'이다. 그렇다면 어떤 얘기를 해야 고객의 인식이 바뀔까? 고객의 인식을 바꾸는 데 쓰이는 첫 번째 무기는 바로 인터레스트(interest)다. 인터레스트란 우리 말로 하면 관심사, 즉 고객이 현재 안고 있는 이슈나 문제를 뜻한다.

영업인들은 보통 일주일에 한 번 사무실에 출근한다. 회사마다 다르지만 주 4일은 현장으로 출·퇴근할 수 있는 구조이다. 영업 실적이 저조한 영업인이 사무실에 들러 팀장에게 혼나는 장면을 떠올려보자.

팀장 김 대리, 요즘 실적이 왜 그래? 이래서 같이 갈 수 있겠어?
김 대리 죄송합니다.
팀장 작년까지 실적도 좋았는데 올해 왜 이러는 거야? 영업 그만하고 싶어?
김 대리 죄송합니다.
팀장 이렇게 일할 거면 그냥 나가! 서로 시간 낭비하지 말자고!
김 대리 죄송합니다.

사실 김 대리는 작년까지 팀에서 Top Performer였다. 올해의 실적은 완전 바닥을 치고 있어서 이에 화가 난 팀장은 김 대리를 보자마자 혼내키는 장면이다. 사실 김 대리는 결혼한 지 얼마 되지 않은 신혼부부였다. 알고 보니 배우자와 이혼을 결심한 상황이라 이래저래 많이 심란한 상황이었다.

이를 인지하지 못한 팀장은 김 대리의 올해 실적만 보고 평가하고 있다. 한 번만 김 대리의 상황을 물어봐주었더라면 어땠을까? 김 대리가 현재 안고 있는 문제나 이슈가 있는지 한 번만 점검하는 질문을 던졌더라면 어땠을까? 이게 바로 사람의 관심사를 먼저 확인하지 못하는, 영업을 모르는 리더다.

가끔 정말 궁금하다. 이런 상사가 어떻게 리더의 자리에 앉아 있는 것인지 말이다. 상사가 만약 사람을 먼저 보고, 그 사람이 안고 있는 관심사 혹은 문제(이슈)를 먼저 봐야 한다는 개념을 안다면 아마 이렇게 얘기할 것이다.

팀장 김 대리, 요즘 무슨 일 있니?

김 대리 네……?

팀장 작년과 다르게 요즘 김 대리 표정이 안 좋은 것 같아서 걱정되네.

김 대리 아, 네. 죄송합니다.

팀장 혹시 집안에 무슨 일 있는 거야? 괜찮아, 말해봐.

김 대리 팀장님, 사실은…….

관심사 우선 파악이 왜 중요할까? 사람은 제각각의 우선순위를 매겨 계획을 세우고, 실행하기 때문이다. 영업인에게 있어 지금 고객을 만나 제품 설명을 하는 시간 확보가 우선순위겠지만 우리의 고객은 아니다. 지금 영업인에게 제품 설명을 들을 시간도, 필요도 없다고 생각한다. 일 단 고객의 우선순위에 나를 올려놓기 위해 고객의 이슈나 문제 혹은 관 심사를 파악하는 것이다. 쉽게 말하면 이런 거다. 조금 전 예에서 팀장이 김 대리의 문제를 먼저 봐줬을 때 김 대리가 다음과 같이 느낀다면 관심 사 파악이 된 것이다.

'그래, 지금 내 상황을 팀장님께 말씀드려야겠어. 함께 일하는데 이건 아닌 것 같아.'

관심사 파악이 먼저 되어야지만 고객이 마음을 열고 마음이 열려야만 신뢰가 생긴다는 뜻이다.

고수가 알려주는 영업의 핵심   01

고객 마음을 여는 것은 모래성을 쌓는 것처럼 단기 속성이 아니라 시간이 걸리더라도 꾸준함을 지속해야 한다.

정말로
거절일까?
아니면
망설임일까?

창의적 대안을 만드는 두 번째 방법은 '컨설팅(consulting)'이다. 예를 들어 다음과 같은 상황이 있다. 영업으로 좋은 결과를 내려면 어떻게 해야 할까?

실제 영업 현장에서 있었던 일이다. 담당하고 있던 고객이 1억 원 상당의 수입 자동차를 사기로 했다. 하지만 알고 있는 딜러도 없었고, 브랜드도 정하지 못한 상황이다. 나는 포르쉐, 벤츠, BMW, 볼보 회사를 찾아가 함께 비즈니스 할 파트너 딜러를 찾기 시작했다. 그중 한 회사 딜러가 함께하고 싶다는 피드백을 주었고, 차량 시승과 기념품을 받기로 약속을 받았다.

나는 고객과 골프 라운딩 약속을 잡았고, 그날 골프장에서 시승 행사를 진행할 수 있었다. 직접 차량을 운전해본 고객은 차량이 무척 마음에 든다며 바로 계약서에 도장을 찍었다. 사실 나는 자동차에 대해서 잘 알지 못한다. 내가 모든 분야를 다 알 수도 없고, 그럴 필요도 없다.

각 분야의 전문가를 할 수 있는 한 최선을 다해서 활용하면 된다. 지금은 꿈을 이뤘지만, 영업 현장에서 발로 뛰며 강사의 꿈을 이루기 위해 주말마다 배우며, 공부했다. 나의 열심을 본 고객이 나에게 한 가지 제안을 해왔다.

"늘 열심히 생활하는 모습이 참 보기 좋아요. 아들이 중학생인데 진로에 대해서 일찍부터 걱정이 많아서 저도 늘 걱정돼요. 혹시 우리 아들 좀 만나서 좋은 이야기 좀 부탁해도 될까요?"

이건 나에게 기회가 온 것이다. 고객의 아들 연락처를 받아서 연락을 취한 후 서로의 일정 확인 후 한 카페에서 만날 수 있었다. 만남 이후 나는 5주 동안 프로그램을 구성했다. 1주일에 한 번씩 만나 진로에 대한 컨설팅을 해줬다. 이후 아들은 원하는 고등학교를 선택할 수 있었고, 나의 도움을 받아 당당히 합격할 수 있었다.

이후 고객이 나를 대하는 태도와 반응은 어땠을까? 제품을 담당하고 있는 수많은 영업사원 중 한 명이 아니라 아들의 선생님, 상담사로 나를 대하는 고객의 반응을 보고, '이거다!', '이것이 영업이다!'라고 소리 질렀다. 고객에게 도움을 받으려고만 하지 말고, 내가 먼저 손을 내밀어야 진정한 영업의 고수가 될 수 있다.

영업에서 성공하기 위해서는 두 가지 점을 추가로 염두에 둬야 한다.

첫째, 영업이란 나를 성장시키는 밑거름이다. 지금 영업 현장에 서 있다면 영업만 하지 말고, 나의 강점을 최대한 활용하여 영업에 적용해야 한다. 그 과정에 성장과 성공이 숨어 있기 때문이다. 지금 내 강점은 무엇인지부터 발견하는 시간을 반드시 확보하기 바란다. 시간 없다는 핑계를 대는 일은 제발 그만하자.

영업을 시작하고 1~3년 차가 되면 조금씩 시간이 남는다는 것을 알게 될 것이다. 물론 영업인마다 다르다. 1~3년의 세월을 어떻게 보냈느냐에 따라 다르지만 지금 이 책을 읽고 있는 당신은 모르긴 몰라도 분명 누구보다 열심히 했을 것이다.

시간을 활용하는 사람이 있고, 시간을 낭비하는 사람이 있다. 당신은 어느 쪽인가?

둘째, '세상 모든 영업 중에 가장 강력한 영업은 영업인이 만든 기준'이다. 고객이 만든 기준에 무작정 나를 구겨 넣는 것이 아니라 고객이 만든 기준을 내게 유리하게 활용하든지 아니면 어렵지만 내가 기준을 만들어 고객과 함께 비즈니스 할 수 있는 토대를 만드는 게 중요하다.

예를 들어보자. 감사하게도 고객들 앞에서 내 제품을 소개할 기회를 얻게 되었다. 매우 중요한 고객들이다. 발표 시간은 단 20분이다. 당신은 어떻게 발표하겠는가? 내가 직접 활용했던 방법을 소개하겠다. 제품 설명이 있는 발표 자료를 미리 출력하여, 중요 포인트를 따로 점검했다. 나는 행사일에 참석하는 고객 한 분 한 분 직접 찾아가서 발표 자료를 미리 전달 드리며 미팅했다.

이후 당일에는 내 제품 설명을 토대로 프레젠테이션 프레지 비디오 영상을 제작하여 송출했다. 고객들의 집중도와 반응은 뜨거웠다. 이후 고객 한 분으로부터 연락이 왔다.

"태호 씨, 그날 제품 설명 너무 잘 봤습니다. 혹시 잠시 만날 수 있을까요?"
"네, 물론입니다."

나는 고객인 의사 선생님을 만나러 병원으로 찾아갔다.
기다렸다는 듯이 원장은 나를 맞이해줬다.

고객 어서 오세요. 태호 씨. 시간 내어주어서 고마워요.
태호 아닙니다. 원장님. 제가 감사드립니다.

고객 우리 병원 홍보 영상을 좀 부탁드리고 싶어서요.

태호 병원 홍보 영상이요?

고객 네, 지난번 태호 씨가 만든 영상 보고 사실 많이 놀랐어요.

태호 많이 놀라셨어요? 왜요?

고객 너무 잘하셨더라고요. 보면서 병원 영상을 태호 씨께 부탁드려야 겠다고 생각했어요.

태호 아~ 네~ 알겠습니다.

사람은 누구나 그렇다. 내가 고객의 기대를 높일 수만 있다면 그 시점부터 고객은 나를 다시 보게 된다. 중요한 사람이 되는 것이다. 나에게 도움이 될 것 같다고 생각한다면 상대를 우러러보게 되는 게 일반적이다. 이것이 바로 내가 기준을 만들어 고객과 함께 비즈니스 할 수 있는 토대를 만드는 방법이다.

자! 질문을 하나 던지려 한다.

지금 당신은 현장에서 고객에게 주로 도움을 받는 편인가? 주는 편인가? 이 질문에 대한 답은 기준에 따라 달라진다. 만약 당신이 영업하며 남는 시간에 비생산적인 일을 한다면 고객에게 도움을 받기 위해 애쓰는 영업인일 확률이 높다. 반면, 생산적인 일을 주로 한다면 '고객을 위해 어떤 도움을 줄 것인가?'를 항상 고민하는 영업 고수일 것이다. 기준을 어디에 두느냐에 따라 인식이 달라진다.

생산적인 일이란 나를 성장시키는 일로써, 영업에 도움이 되는 책을 읽는다든지 혹은 영업 관련된 세미나, 워크숍에 참석해 공부하는 일, 신규 개척을 위해 새로운 채널에 적극적으로 방문하는 경험, 거래처 매출 데이터 정리 및 확인, 영업 분야에 몸담은 영업 고수를 직접 만나 인터뷰하기 등을 말한다.

내가 담당하고 있는 제품을 말하기 전에, 내가 고객을 위해 할 수 있는 기준부터 생각하자. 그래야 고객의 인식을 바꿀 수 있다.

고수가 알려주는 영업의 핵심　　　　　　　　　　**02**

사람은 누구나 그렇다. 내가 고객의 기대를 높일 수만 있다면 그 시점부터 고객은 나를 다시 보게 된다. 중요한 사람이 되는 것이다. 나에게 도움이 될 것 같다고 생각한다면 상대를 우러러보게 되는 게 일반적이다. 이것이 바로 내가 기준을 만들어 고객과 함께 비즈니스 할 수 있는 토대를 만드는 방법이다.

03

엉터리
거절의
진짜 속마음을
발견하라

본질적으로 말해 영업이란 결국 '고객의 거절을 바꾸는 게임'이다. 그 렇다면 어떤 얘기를 해야 고객의 인식이 바뀔까? 고객의 인식을 바꾸는 데 쓰이는 첫 번째 무기는 바로 '고객의 거절은 당연하다.'라고 인식하는 것이다. 고객은 처음 만난 영업사원을 밀어낸다. 즉 나를 제대로 알고 다 가와주기를 바란다.

우리가 영업하러 현장에 나서서 처음 고객을 만날 때 가장 많이 경험 하는 것이 뭘까? 내가 물을 마시기 위해 매일 사용하는 정수기를 판다고 해보자. 나는 아마 이런 말을 할 것이다.

"이 정수기, 새로 나온 신제품입니다. 얼음도 나오고, 뜨거운 물도 잘 나옵니다. 보시는 것처럼 디자인도 깔끔해서 많은 고객이 변경하고 있습니다."

새 제품 출시되었으니 바꾸라고 이야기한 것이다. 이를 영업에선 디테일, 즉 제품 설명이라 한다. 나는 고객에게 이렇게 말할 수도 있다.
"지금 바꾸시면 혜택이 너무 좋습니다."

나중이 아닌 지금 당장 바꾸면 혜택을 받아갈 수 있다고 강조한다. 또는 이런 말도 가능하다.
"지금, 이 카드 발급하여 매달 지출되는 아파트 관리비, 휴대전화 요금, 전기, 가스비용 등 고정 금액에 대한 부분을 자동이체로 30만 원 이상 사용하시면 만 원 할인 이벤트도 진행하고 있습니다."

이처럼 혜택에 혜택을 받아갈 수 있도록 말한다. 우리가 영업할 때 흔히 사용하고 말하는 방법일 것이다.

제약회사에서의 예를 들어보자. 영업사원이 신규 거래처 발굴을 위해 처음 방문한 병원에 들러 결정권자인 대표 원장을 만나려고 한다. 영업을 모르는 신입사원은 이렇게 말한다.

"(제품 안내서를 건네며) 원장님, 효능과 효과가 좋은 신제품 출시가 되었습니다. 검토 부탁드립니다."

대표 원장은 말한다.
"네, (안내서를 가리키며) 놓고 가세요."

이 말을 들은 신입사원, 차가운 시선과 냉랭한 반응에 순간 얼어붙고 말았다.

고객을 만나 판매하고 있는 제품 먼저 말하고 싶은 이런 신입사원은 영업의 원리를 모르는 사람이다. 신입사원이 만약 영업이라는 개념을 안다면 아마 이렇게 얘기할 것이다.
"원장님, 안녕하세요. 새롭게 이 지역과 원장님 병원을 담당하게 된 권태호 사원입니다. 처음 담당하게 되어 원장님께 인사드리려고 잠시 들렀습니다. 앞으로 원장님 병원에 도움이 될 수 있도록 움직이겠습니다. 지켜봐주세요. 감사합니다."
이건 실제 내가 필드에서 말한 내용이다.

또는 이렇게 말할 수도 있다.
"원장님, 안녕하세요. 처음 제약회사 제약 영업을 시작하게 되었습니다. 많이 부족합니다. 이 지역과 원장님 병원을 담당하게 되어 인사차 방문 드렸습니다. 제품과 원장님, 그리고 병원에 도움이 되도록 부지런히 활동하겠습니다. 앞으로 많은 가르침 부탁드립니다. 감사합니다."

이게 바로 솔직한 신입사원의 자세이며 태도다. 자신의 부족한 부분을 인정하고 당당하게 나아가는 게 바로 영업의 프라이드다.

솔직한 모습이 왜 중요할까? 신뢰와 연결되기 때문이다. '저 영업사원은 믿을 만한 사람인 것 같군. 앞으로 지켜봐야지.', '저 친구 괜찮아 보이는데, 한번 지켜보자.'라고 고객은 속으로 말할 것이다. 신뢰는 무엇인가? 신뢰를 뜻하는 영어 단어 'trust'의 어원은 '편안함'을 의미하는 독일어의 'trots'에서 연유된 것이라고 한다.

우리는 누군가를 믿을 때 마음이 편안해진다. 혹시 그 사람이 배신을 저지르지 않을까 하고 염려할 필요가 없으므로 마음이 편안해질 뿐만 아니라 배신을 위한 예방에 들여야 할 시간과 노력을 절약하게 해주는 효과도 얻을 수도 있으므로 그럴 것이다.

쉽게 말하면 이런 거다. 병원도 제약회사의 도움을 받아야만 한다. 의사도 영업사원의 도움을 받아야만 한다. 갑을 관계이지만 파트너이자 비즈니스 동반자인 것이다. 믿음과 신뢰가 기본이 되어야 함께 큰일을 이룰 수 있다.

영업에서 고객의 인식을 바꾸는 데 쓰이는 두 번째 무기는 '고객의 거절은 끝이 아니라 시작이다.'라는 인식이다. 실제 내 이야기를 들어 설명하겠다. 사는 아파트를 팔고, 다른 지역의 아파트를 사기 위해 이사 준비를 하고 있다. 부동산에 아파트 물건을 내어놓고, 매수자가 나타나기를 기다리고 있다.

그때 부동산에서 연락이 온다. "지금 방 보러 가도 돼요?", "네, 오셔요." 연락이 온 매수자는 우리 아파트 단지에 사는 사람이다. 우리 집이 탑 층에 있는 복층 구조여서 희소성의 가치를 지니고 있다. 매수자는 이곳을 원하고 있다.

하지만 매수자는 집을 둘러보고 그저 그렇다는 표정을 지으며 돌아갔다. 며칠이 지나고 나서 그 매수자는 다시 부동산 중개업자와 함께 시간을 정하고, 집을 보러 왔다. 아직 계약은 관심 없다는 말과 표정으로 또 돌아갔다.

그 당시만 해도 나는 그 매수자가 우리 집을 마음에 들어 하지 않는다고 생각했다. 물건은 마음에 들지만 사실 그는 가격 흥정을 하고 있었다. 세 번째 집을 보러 온다는 연락을 받았을 때는 중개업자에게 매수자와 함께 1층에서 만나서 같이 올라오자고 말했다.

나는 미리 부인에게 5분 후 나에게 꼭 전화하라고 말했다. 중개업자와 매수자 그리고 나는 1층에서 만나 엘리베이터를 타기 위해 입구에서 기다렸다. 그때 전화벨이 울렸다. 사전에 말했던 아내였다. 나는 연기를 조금 했다.

"네, 오전에 우리 집 보고 가셨던 분이시군요. 아, 집이 마음에 드신다고요. 네, 계약 가능합니다."

엘리베이터를 함께 기다리던 그 매수자의 마음은 어땠을까? 집에 도착하자마자 바로 계약하겠다고 그 자리에서 가계약금 3천만 원을 보내왔다.

정수기를 판매하기 위해 신제품 소개를 하는 영업사원, 새로운 약품 출시 소식을 전해 들은 대표 원장의 반응, 아파트 물건이 마음에 들지만 당장 계약하지 않고, 세 번째에 계약 의사를 밝힌 매수자 모두 처음 반응은 거절이었다.

하지만 그들의 속마음은 아마도 혜택에 혜택을 더해준다는 말에 순간 솔깃했을 것이고, 신제품 출시 소식에도 순간 궁금한 마음이 올라왔을 것이다.

희소성이 큰 아파트 물건일수록 그렇겠지만 나 말고 다른 사람들도 관심이 많다는 사실을 아는 순간, 그 물건이 더 가치 있어 보인다. 급해지기 마련이다. 영업도 마찬가지다. 영업사원의 제안에 관심 있는 사람이 나 말고도 여럿 있다는 것을 아는 순간, 그 제안이 더 가치 있게 인식된다.

또한, 고객의 거절은 진짜 속마음이 아니라는 것이다. 고객이 거절하는 진짜 속마음을 발견하기 위해서 우리는 노력해야만 한다. 찾아야 한다. 발견해야 한다. 만약 현장에서 거절하는 고객을 만났다면 감사하며 고마워하자. 분명히 말하지만, 고객의 거절은 엉터리다.

고수가 알려주는 영업의 핵심 03

영업이란 결국 '고객의 거절을 바꾸는 게임'이다.

04

눈을 보면
고객의
마음이
보인다

　혹시 '눈은 마음의 창'이라는 말을 들어봤는가? 눈을 보면 그 사람이 어떤 감정 상태인지 알 수 있다는 것이다. 우리는 다양한 곳에서 이런 말을 들어보았을 것이다. 눈 맞춤은 사람과 사람이 소통하는 매우 친밀한 관계의 방식이며 강력한 의사소통의 수단이다. 비언어적 표현이라고 말하는 눈빛에는 그 사람의 감정, 느낌이 내재되어 있다.

　처음 본 상대에게 호감이나 매력을 느꼈다면 그 사람을 좋아하는 감정의 마음이 눈에서 표현될 것이다. 반면 거짓말을 하거나 상대가 불편하다고 느낄 때의 눈빛은 또 다를 것이다.

예를 들어 몸이 아파 병원에 갔던 기억을 떠올려보자. 의사가 가장 먼저 확인하는 것이 바로 눈이다. 우리의 몸과 마음을 확인할 수 있는 중요한 기관이다.

전산용품을 판매할 때 내가 직접 경험한 일이다. 지역 내 입지가 좋은 곳에 있는 문구점에 방문하여 대표님과 미팅했다. 좋은 입지에 규모도 큰 곳이었다. 주변에 있는 관공서와 학교기관 등으로 인해 전산용품에 대한 실제 수요도 있는 곳으로 탐이 나는 채널이었다.

장시간의 미팅을 통해 최종 입점하기로 확정할 수 있었다. 3동 규모로 꽤 큰 계약이었다. 입점 시기와 일정에 대한 조율까지 마치고, 돌아온 나는 업체 직원과 함께 입점 준비를 하고 있었다. 입점 일정이 채 되기도 전해 대표님은 다시 나에게 전화를 주셨다. 1동 규모로 축소하자는 이야기였다.

나는 대표님께 이유를 물었다. 그냥 어물쩍 넘어가려는 대표님의 말을 듣고, 나는 잠시 고민에 빠졌다. 일단 전화를 끊고, 업체 직원에게 그곳에 입점하지 않겠다는 내 의지를 말하고, 결국 입점하지 않았다. '1동이라도 입점하면 매출에 도움이 되니 입점하면 이득이지 않을까?'라고 반문할 수 있다.

하지만 내 영업 방식은 이렇다. 1동, 3동 규모가 중요하지 않다. 1동을 입점하더라도 서로 믿고 비즈니스를 해야 한다.

미팅할 때 이야기와 시간이 지나서 특별한 이유 없이 말을 바꾼다면 더는 신뢰를 유지하고 발전시켜나가기 어렵다는 판단이 서기 때문이다. 시간이 지나 생각해보니 미팅할 당시 그 대표님은 내 눈을 한 번도 쳐다보지 않았다는 사실을 알 수 있었다. 지금까지 이런 미팅은 진행해본 적이 없는 것 같았다. 하지만 그때 그 당시에는 왜 눈치채지 못했을까? 좋은 입지와 큰 규모에 놀라 욕심이 났다.

직접 만나 눈을 보고 소통하며 비즈니스 하는 것이 나의 규칙인데 나도 실수를 한 것이다. 이 책을 읽고 있는 당신은 이런 실수를 하지 않기를 바란다. 입으로는 한다고 해도, 눈으로는 다른 이야기를 하고 있지는 않은지 현장에서 계속 확인해야만 한다. 그래야 시간도 비용도 절약할 수 있는 것이다.

함께 생각해보자! 당신은 이제 막 현장에 뛰어든 영업인이다. 제품 설명을 하기 위해 고객을 만난 상황이다. 하지만 고객은 워낙 바쁜 분이라 앞에 영업인을 두고도 눈과 귀, 마음은 다른 곳을 향해 있다고 가정하자.

어떻게 말하겠는가? 이 상황에서 영업의 고수, 중수, 하수는 각각 다르게 대응한다.

우선 하수는 미팅이 성사되면 첫마디를 "안녕하세요!"로 시작한다.

인사하는 게 뭐가 잘못된 거냐고 말할 수 있다. 하지만 분명 잘못된 거다. 지금 고객은 바쁜 상황이다. 워낙 바쁜 분이라 잠시 시간을 얻은 것만으로도 운이 좋은 경우라고 할 수 있겠다. "저는 OO 회사 OO 제품을 판매하는 영업사원입니다." 방문 목적을 바로 이야기해야 한다.

중수는 뭐라고 말할까? 첫 문장이 중요하다. 고객의 마음을 열어 눈과 귀를 영업인을 향해 고개를 돌리게 하는 게 첫 번째 해야 할 일이다. 중수는 "고객님 드리려고 가져왔습니다."로 시작한다. 바로 판촉물을 활용하는 형태를 사용한다. 메모지, 볼펜, 노트 등이 될 거다. 고객님께 도움이 되길 바라는 마음으로 말이다.

그런데 진짜 고수는 여기서 한 단계 더 나간다. 뭐라고 말할까? "고객님 드리려고 가져왔습니다."라고 한 후 이런 얘기를 덧붙인다.

"고객님께서 현재 관심 있어 하시는 직원 교육에 대한 커리큘럼을 제가 직접 구성해서 진행하고자 합니다. 허락해주시면 최선을 다해 함께 돕겠습니다."

이 영업 제안은 어떻게 결론 났을까? 결국, 고객은 영업인에게 "실장 연결해줄게요. 자세한 내용과 일정은 실장과 정해서 진행해주세요."라고 의사를 표현했다.

이런 게 바로 영업력의 힘이다. 어떻게든 고객의 눈을 마주할 기회를 만들어야만 한다.

우리 영업인들이 해야 할 임무다. 사전에 고객에 대한 정보 확보, 노력은 기본이고, 필수 작업이다. 고객에 대한 사전 정보 없이 무작정 열심히만 다니는 영업사원들은 주변에 정말 많이 있다. 시간, 힘, 에너지 모두 낭비된다는 사실을 잊지 말자.

이 일은 당시 병원에서 영업할 때 고객인 의사 선생님과 병원 행정 실장과 미팅을 진행하여 성공적인 결과를 냈던 나의 사례다. 평소에 만나기 힘든 병원 원장님을 만날 기회를 얻게 된 나는 사전에 원장님의 관심사와 근황에 관해 철저하게 분석하고, 조사하고 공부해서 갔다.

평소 직원 교육에 매우 관심이 많은 원장님에 대해 알게 되었고, 현재 직원 교육은 어떤 형태로 진행되는지, 어떤 시간에 진행되고, 누가 참석하는지에 대해 조사했다.

당시 보험회사, 은행 금융권에서 그들의 상품을 팔기 위해 이론적인 교육을 형식적으로 한다는 병원 직원들의 피드백을 구할 수 있었다. 그런 교육에 싫증을 느낀 대표 원장의 걱정과 관심거리에 대해 알 수 있었다.

나는 제약회사 영업사원이 아니라 병원 상담사라는 개념과 콘텐츠를 갖고, 자기소개 포트폴리오와 병원 직원 교육 제안서를 함께 만들어 원장의 눈과 귀를 나로 향하게 할 수 있었고, 결국 마음의 문을 활짝 열 수 있었다. 이후에는 어떻게 되었을까? 원장은 나에게 담당하는 주력 제품에 대한 설명회 요청을 하셨고, 제품에 대한 신규 입점을 진행할 수 있었다.

권태호
MSD KOREA Professional Sales Representative

포트폴리오의 주인공 권태호는 세계 최대 제약회사 가운데 하나인 Merck의 한국법인 한국 엠에스디에서 일하고 있다. 한국기술교육대 재학시절 각종 공모전 수상, 인턴, 대외활동, 해외여행, 레크리에이션강사 활동 등을 통해 다양한 경험을 쌓았고, 대학생활 취득한 자격증 이 무려 30개에 달한다. 대학교 때부터 여러 대학 및 단체에서 해 온 '리더십, 자기계발, 동기부여, 취업관련' 등에 대한 강연은 수많은 학생의 삶을 변화시켰다. 대학생활을 통해 자신의 꿈을 찾은 스토리는 많은 대학생들에게 긍정적인 변화를 가져다 줄 것이다.

학력 관련
한국기술교육대학교 산업경영학부 졸업

공모전 관련
SK텔레콤 베이징장애인올림픽 서포터즈 단장 선발
기아자동차, 유네스코한국위원회 기아글로벌워크캠프 선발
신한은행 베트남 해외자원봉사단 단장 선발
월간조선 중국 격변의 현장 체험투어단 회장 선발

인턴관련
한국리더십센터 인턴

대외활동 관련
유네스코한국위원회 국제자원봉사활동
캐나다 알버타 관광청 서포터즈 활동
삼성 YEPP 캠퍼스 PR 공모전 활동
대전시청 대전시티투어 기획, 홍보운영
아시아태평양관광협회 한국총회 사무국 팀장활동
대학생, 청소년행사 레크리에이션 강사활동
국군방송 아나운서 활동

강연관련
유네스코한국위원회, 기아자동차, MARY KAY KOREA, 한국기술교육대학교, 우송정보충주대학교, 강원대학교, 전문대학교, 삼육대학교 등에서 대학교 때부터 MSD 입사 후까지 목표설정의 중요성, 자기계발, 동기부여 등에 관한 각종 강연

여행관련
유럽(기아자동차 기아글로벌워크캠프)
호주(취업관련)
싱가폴(대학생 해외탐방단)
베트남(신한은행 해외자원봉사단), 중국(SK텔레콤 베이징장애인올림픽)

매출의 증가는 시간문제인 것이다.

더 쉬운 예를 들어보자. 소아과병원을 담당할 때 일이다. 나는 소아청소년과 약물을 담당하고 있었다. 소아청소년과 약물을 담당하는 경쟁사 영업사원들도 정말 많이 있다. 그들은 대기실에 앉아 대표 원장을 만나기 위해 기다리고 있다. 하지만 대기실에서 부모와 아이들이 칭얼거리며, 마치 시장처럼 활기가 넘치는(?) 광경을 목격한 경험이 있을 것이다. 이런 상황에서 경쟁사 영업사원들은 자신의 제품 설명을 하기 위해 바쁜 원장의 시간을 뺏으려 한다.

나는 어떻게 영업했을까? 그 자리에 절대 앉아 있지 않았다. 대기실에서 기다리는 부모와 아이들의 시간을 단축하기 위해 신속한 진료에 최선을 다하는 대표 원장의 관심사는 바로 아이들의 대기시간을 줄이는 거였다. 직원을 통해 이 사실을 확인할 수 있었고, 즉시 제안서를 만들었다.

대기실에서 지루하게 기다리는 아이들에게 줄 풍선을 만들어 직접 나눠주며 부모와 아이들에게 재미와 즐거움을 선물하기로 했다. 반응은 폭발적이었다. 주변에 소문이 나면서 환자가 더 늘게 되어 병원 경영에도 도움을 주게 된 것이다. 이후 대표 원장과 나는 더욱더 친하게 지내게 되었고, 함께 봉사활동을 다니며 지금까지도 연락하며 잘 지내고 있다.

나는 국내와 외국계 제약회사에서 영업사원으로 9년 정도 일했다. 일하는 동안 나만의 개념과 콘텐츠에 열광하는 고객들이 생겨나기 시작했고, 그들은 나를 제약회사 영업사원이 아닌 선생님이라는 호칭으로 대해 주며 회사가 아닌 나에게 직접적인 도움을 주기 위해 노력했다.

다시 한 번 강조한다. 영업이란 결국, 눈을 보며 말해야 한다. 고객의 눈과 귀 그리고 마음을 나한테 집중할 수 있도록 만들자. 고객의 관심사를 활용하면 당신의 영업에 분명 도움이 된다.

고수가 알려주는 영업의 핵심   **04**

영업이란 결국, 눈을 보며 말해야 한다. 고객의 눈과 귀 그리고 마음을 나한테 집중할 수 있도록 만들자. 고객의 관심사를 활용하면 당신의 영업에 분명 도움이 된다.

영업 갑부

영업 갑부

주도권을
쥐어라,
쉽게 거절하지
못한다

영업이란 에너지와 에너지가 맞붙는 과정의 연속이다. 영업할 때 어떤 자세와 태도로 말해야 할까? 여기 두 가지 상황이 있다.

첫 번째 상황.

당신은 판매원이다. 담당하는 제품을 매장에 입점하고 싶다. 첫 미팅을 어떻게 이끄는 게 좋을까? 처음부터 부탁 조로, "대표님, 1동만 입점해주세요." 이러는 게 좋을까? 아니면 처음부터 당당하게, "대표님, 1동 입점해보세요." 이러는 게 좋을까?

영업력에서 답은 명확하다. "첫 미팅은 무조건 시장 조사(Market research)"라고 말한다. 이를 '상황 파악'이라 한다. 쉽게 말해 현재 어떤 제품을 어떤 목적으로 판매하고 있는지, 실제 수요는 얼마나 되는지, 제품 판매가 대표님께 어느 정도의 중간 이윤을 얻게 해주는지 등에 대하여 파악하는 단계이다.

시장 조사란 대표님 매장의 과거와 현재 상황을 조사하고, 분석을 통해 내 제품이 어떻게 대표님께 도움이 될 수 있는지에 대한 전략 수립의 계획을 공유하고자 하는 매우 중요한 활동이다. 마케팅 의사결정을 위해 실행 가능한 정보 제공을 목적으로 다양한 자료를 체계적으로 획득하고 분석하는 객관적이고 공식적인 과정을 말한다.

"작전에 실패한 지휘관은 용서할 수 있어도, 경계에 실패한 지휘관은 용서할 수 없다." 맥아더 장군이 한 말이다. 군사 작전에 있어서 적과 주변 상황 및 환경의 변화를 인지하는 것이 무엇보다 중요하다는 점을 강조한 것이다. 영업 전략도 이와 비슷하다. 시장과 고객 그리고 경쟁자에 대한 활동에 대한 분석은 기본 중의 기본이다.

그런데 여기까지만 읽고 실전 영업에서 무조건 '시장 조사'를 했다가는 큰일 난다. 어떤 영업인들은 시장 조사를 한답시고 '무조건 고!'만 외친다.

예를 들어 내가 판매하고자 하는 상품의 질과 서비스는 어떤 것이 있는지, 내 제품의 브랜드는 시장에서 어느 정도인지, 내가 고객에게 상품과 더불어 제공해줄 수 있는 이익은 뭐가 있는지 등에 대해 정확하게 알고 들이대야 한다.

만약 이런 정보도 없이 터무니없는 가격으로 고객과 협상한다고 무작정 시장 조사를 하는 영업사원은 없기를 바란다. 이건 영업이 아니다. 시장 조사가 아니란 말이다. 그래서 영업력에선 말한다. "시장 조사는 반드시 선행되어야 할 그라운드 룰이 있다."라고. 이 그라운드 룰 없이 행동했다가는 역풍을 맞게 된다.

시장 조사의 선행 조건인 그라운드 룰은 뭘까? 바로 '현 위치 PP, 즉 Present Position'이다. 내가 담당하고 있는 제품의 브랜드 및 인지도의 정확한 현 위치도 파악하지 못하면서 실전 현장에서 시장 조사는 하지 않는 게 낫다. 왜냐? 고객 관점에서 나에 대한 신뢰가 무너지기 때문이다. PP가 구체적으로 무엇이고, 어떻게 만들어지는지는 다음 장에서 자세히 이야기하겠다.

두 번째 상황.

실전 영업을 하다 보면 다음과 같은 일이 자주 벌어진다. 아래 사례는 오래전에 강의를 막 시작한 초보 강사가 강의 의뢰를 한 교육 담당자와 대화한 내용 일부이다. 흔히 초보 영업인들이 고객과의 상황에서 경험할 수 있는 상황과 매우 유사해서 이야기하고자 한다.

교육 담당자 강사님, 강의료가 얼마예요?

초보 강사 지금 말씀드려요?

교육 담당자 네, 말씀해주세요.

초보 강사 시간당 ○○이며, 4시간 기준 ○○입니다.

교육 담당자 네, 알겠습니다.

이와 비슷한 다른 초보 강사의 실제 대화 내용의 사례도 있다.

교육 담당자 강사님, 강의료가 얼마예요?

초보 강사 (당황하며) 네? 잡힌 예산이 얼마인지 먼저 말씀을 해주셔야…….

교육 담당자 네…. ○○ 정도입니다.

초보 강사 네, 그 비용이면 가능합니다.

교육 담당자 네, 알겠습니다.

교육 담당자와 초보 강사가 서로 강의 비용을 먼저 말해보라고 떠보는 상황이다. 결과는 어떻게 되었을까? 결국, 각기 다른 두 명의 교육 담당자 모두 초보 강사와 강의를 진행하지 않았다고 한다. 흔히 실수하는 부분이다. 그렇다면 프로 강사는 어떻게 교육 담당자를 상대할까? 강의도 영업과 마찬가지로 보이지 않는 무형의 에너지와 에너지가 충돌한다고 생각한다.

교육 담당자 강사님, 강의료가 얼마예요?

프로 강사 선생님, 강의 주제와 일정, 대상 아무것도 정해지지 않는 상황에서 강의료를 먼저 물어보시니 당황스럽네요. 강의료를 먼저 말씀하시는 특별한 이유가 있으세요?

그러면 보통 교육 담당자의 반응은 둘로 나뉜다.

"아, 선생님, 죄송합니다. 제가 업무를 시작한 지 얼마 되지 않아서 잘 몰랐습니다. 기분 상하셨다면 사과드릴게요." 혹은 "저희가 교육 비용에 대한 예산이 많지 않아서요. 기분 상하셨다면 사과드릴게요." 보통 상식이 있는 교육 담당자라면 자신의 실수에 대한 인정과 함께 사과하게 되어 있다.

이와 비슷한 다른 프로 강사의 실제 대화 내용의 사례도 있다.

교육 담당자 강사님, 강의료가 얼마예요?

프로 강사 선생님, 예산이 많지 않으신 것 같은데 우선 직접 만나서 미팅을 먼저 진행해보시는 건 어떠세요? 미팅 후 강의 진행 여부에 관해 결정하셔도 좋을 것 같습니다. 다음 주 중 언제 일정이 편하세요?

현장에서 고객과 가격에 대해 흥정할 때와 유사한 상황이다. 그렇다면 내가 먼저 가격을 말하는 게 좋을까? 아니면 고객에게 먼저 말해보라고 하고, 기다리는 게 좋을까?

이는 그때그때 다르다. 다만, 대화의 순간 '타이밍'을 결정하는 하나의 요소가 있다. 앞서 말한 시장 조사를 하기 위해 우리는 우리 제품에 대한 브랜드, 인지도 등에 대한 PP의 정보는 물론 고객에 대한 정보를 파악한 후에 뭔가를 제안하거나 대화를 이끌어나간다.

바로 이거다. 답은 '정보'다. 고객보다 정보가 많거나 비슷하다면 내가 먼저 말하는 게 좋다. 그렇지 않다면 기다리는 편이 낫다. 정보를 더 파악할 때까지 말이다.

'앵커링 효과'라고 들어보았을 것이다. 앵커링 효과에서 앵커는 배의 닻이다. 배가 닻을 내리면 배와 닻을 연결한 밧줄의 길이 내에서만 움직일 수 있다. 앵커링 효과는 사람의 머릿속에 특정한 수치나 이미지를 심으면 그것이 닻과 밧줄의 역할을 하게 돼 사람의 판단이 제한되는 것을 말한다.

의사결정 직전에 어떤 수치를 듣게 되면 그것이 판단의 기준점으로 작용할 가능성이 매우 커진다. 강사가 교육 담당자와 강의 비용에 관해 결정할 때 앵커링 효과의 영향을 받으면 특정 기준점에 얽매이게 된다. 실전 현장에서 고객과 제품에 대한 가격을 흥정할 때도 마찬가지다.

영업력에서 시장 조사는 결국, 정보의 싸움이다. 고객의 정보를 최대한 많이 얻어 나한테 유리한 기준점에 걸어놓고 시작하자. 앵커링 효과를 잘 활용하면 실전 영업에 분명 도움이 된다.

고수가 알려주는 영업의 핵심　　　　　　　　　　05

영업력에서 시장조사는 결국, 정보의 싸움이다. 고객의 정보를 최대한 많이 얻어 나한테 유리한 기준점에 걸어놓고 시작하자. 앵커링 효과를 잘 활용하면 실전 영업에 분명 도움이 된다.

거절은 단지
시간의
문제일
뿐이다

앞에서 시장 조사의 선행 조건인 그라운드 룰이 있다고 했다. 바로 'PP', 즉 현 상황이다. PP란 무엇이고, 영업에서 어떻게 사용될까?

예를 들어보자. 전국에 있는 국·공립대학교 및 사립대학교 학생회관에는 주로 학생들의 편의시설이 마련되어 있다. 대학 규모에 따라 다르지만, 문구점도 운영되는 곳이 있는데 이곳에 나는 담당하고 있는 전산용품(키보드, 마우스, 헤드셋, 웹캠, 마이크, 스피커 등)을 입점하기로 했다.

그럼 내가 가장 먼저 해야 할 업무는 무엇일까? 제품을 들고 바로 교내 문구 대표님 혹은 점장님을 만나러 가는 것일까? 아니다. 실제 현장에서 가장 먼저 한 일은 바로 내가 담당하는 제품 브랜드가 대학생 혹은 교수와 연구원들에게 어떤 형태로 인지도가 형성되어 있는지를 파악하는 것이었다.

누가 시키지도 않았는데 직접 제품 브랜드 인지도 설문지를 작성했다. 전국을 담당하고 있었기에 대한민국 지도를 펼쳐놓고, 지역별로 위치한 규모가 있는 국·공립 대학교부터 공략하기로 했다. 학생회관에서 지나가는 학생들에게 설문지를 나눠주며 작성해달라고 부탁했다.

행정 직원에게 붙잡혀 쫓겨난 적도 여러 번 있었고, 쉽지 않은 상황이었음에도 내가 담당하고 있는 제품 브랜드 인지도가 실제 영업 현장에서 고객들에게 어떻게 인식되고 있는지 파악하기 위해 열심히 달리고, 또 달렸다. 그 결과 제품력과 인지도 면에서 다른 경쟁 회사 제품 대비 우수하다는 피드백을 얻을 수 있었다. 반면 온라인에서 주로 판매되기 때문에 대학 교내 문구점에서는 구하기 힘들다는 피드백도 있었다. 또한, 제품이 더 다양하게 진열되어 있으면 좋겠다는 소중한 정보도 얻었다.

나는 필드에서 얻은 소중한 정보를 깔끔하게 정리하여 회사에 보고했다. 회사로부터 오프라인 전용 제품과 함께 오프라인에서, 특히 대학 교내 문구점에 납품되는 제품의 가격, 디자인, 종류의 다양성 등에 대해 준비해주겠다는 약속을 받을 수 있었다. 더불어 교내 문구점에 입점 확정이 되면 행사용 홍보 제품도 운영할 수 있다는 무기도 장착하게 되었다.

더 망설일 이유가 없었다. 직접 현장에서 학생들로부터 받은 설문 결과 자료와 함께 나는 교내 문구 대표와 미팅을 잡기 시작했다. 담당하는 제품의 정보와 현 시장 상황에 대한 다양한 정보를 가졌으니 미팅에서 주도권을 잡고 끌고 나갈 수 있었다. 바로 지난 장에서 말한 '앵커링'을 걸 수 있었기 때문이다.

앵커링 효과는 여러 실험 연구에서 확인된다. 중고차 적정 가격을 예상하는데 앵커링 효과가 영향을 미치는 것을 확인한 독일의 한 연구를 보자. 이 연구는 자동차 전문가 60명을 네 개 그룹으로 나눠 실험했다. 이 전문가들에게 판매된 지 10년 된 주행거리 16만km 중고차를 개별적으로 보여주고 각자가 생각하는 적정 가격을 조사했다.

중고차 소유자로 가장한 연구자가 전문가 30명에겐 "내 생각엔 5,000마르크가 적정하다."라고 말하고, 나머지 전문가 30명에겐 자신의 적정 가격으로 2,800마르크를 제시했다. 전자는 판단의 기준점이 높게(5,000마르크) 설정되고 후자는 낮게(2,800마르크) 설정된 셈이다. 전자의 30명을 각각 15명씩 두 그룹으로 나눠 첫 번째 그룹에는 더 아무 말도 하지 않고, 두 번째 그룹에는 "어제 내 친구가 이 차를 보더니 5,000마르크는 너무 비싸다고 하더라"는 말을 했다. 후자의 30명도 마찬가지로 15명씩 나누고 한 그룹에만 "2,800마르크는 너무 싸다."라는 친구의 말을 전했다.

조사 결과 친구의 반박 의견을 듣지 않은 전문가 중 기준점이 높게 설정된 사람들은 적정 가격으로 평균 3,563마르크를, 기준점이 낮게 설정된 사람들은 2,520마르크를 제시했다. 기준점이 높게 설정되면 적정 가격이 1,043마르크 높아지는 앵커링 효과가 확인됐다. 친구의 반박 의견을 들은 전문가들도 기준점이 높은 사람들(3,130마르크)이 낮은 사람들(2,783마르크)보다 적정 가격이 높았다. 다만 반박 의견 때문에 그 차이가 347마르크로 크게 줄었다. 앵커링 효과의 영향에서 벗어나려면 최종 의사결정을 내리기 전에 고객들의 피드백이나 정보에 귀를 기울여야 한다는 의미다.

특히 실전 현장에서 이 PP는 너무도 중요하다. 여기 두 개의 상황이 있다. 둘 다 제약 영업을 하는 분이 고객을 만났을 때의 장면이다. 여기서 고객은 분만 산부인과 병원의 대표 원장이다.

첫 번째 상황.

세일즈맨 혹시 자궁경부암 예방 백신 접종하고 계세요?
고객 아뇨, 관심 없어요.
세일즈맨 원장님, 요즘 치료에서 예방으로 환자들의 인식이 전환되면서 예방 백신 접종은 하셔야 합니다. 혹시라도 암에 걸리면 본인은 물론이고 가족들도 얼마나 고생합니까? 접종 시작하시죠!

고객 괜찮아요, 됐어요.

세일즈맨 그러지 말고 접종 시작하세요. 생각보다 마진율도 좋아 병원 경영에도 도움이 됩니다.

고객 아니, 왜 이러세요? 관심 없다니까요!

두 번째 상황.

세일즈맨 혹시 자궁경부암 예방 백신 접종하고 계세요?

고객 아뇨, 관심 없어요.

세일즈맨 관심 없으시군요. 지금 당장 급하지 않으니까요. 죄송한데 하나만 여쭤볼게요. 우리나라 성인 남녀의 평균 자궁경부암 발생률이 몇 퍼센트인지 아십니까?

고객 글쎄요…….

세일즈맨 최근 보건복지부 통계 자료를 보니까 성생활을 하는 건강한 여성의 50~80%가 일생 한 번 이상 자궁경부암의 원인이 되는 인유두종 바이러스에 감염될 정도로 흔하다고 해요.

고객 진짜 그렇게 높아요?

세일즈맨 네, 그렇습니다. 그리고 더 중요한 것은 감염이 되고 몇 년이 지난 후 감염이 점차 진행되고 악화되면서 자궁경부암이 발생할 수 있는데, 감염부터 암 발생까지는 대략 10년 이상이 걸린다고 해요. 암 발생

초기에 완치된다고 하더라도 정도에 따라 자궁을 절제하거나 방사선 치료를 받기 때문에 본래의 기능을 회복하지 못할 수도 있어 무엇보다 정기 검진과 예방이 중요하다고 봐야죠.

고객 보시다시피 우리 병원이 바쁘다 보니 직원이 부족해요.

세일즈맨 원장님, 자궁경부암은 조기에 진단하여 치료하면 완치할 수 있지만, 병이 진행되면 파급 정도에 따라 완치율이 많이 감소한다고 해요. 특히 출산이 끝난 이후부터는 정기적인 검진을 받아야 하고 조기 진단의 중요성에 대해 환자들의 인식이 중요할 것 같습니다.

고객 음……. 그런가요? 한번 고민해볼게요.

첫 번째는 영업 하수의 모습이고, 두 번째는 영업 고수가 PP를 활용해 대화하는 모습이다. 두 번째 사례에서 세일즈맨은 암 발병률, 10년의 고통, 본래의 기능 상실, 조기 치료의 중요성이라는 네 가지 PP를 제시했다.

이후 두 번째 영업 고수에게 병원 간호 부장으로부터 연락이 왔다. 만나서 구체적인 내용에 대해 미팅을 하고 싶다는 내용이었다. 보통 분만 산부인과에서 출산한 산모들은 원내 분만하고 보통 3일에서 일주일 정도 입원실에서 회복 기간을 갖는다.

이 시간을 활용해서 산모나 보호자에게 자궁경부암 예방의 중요성과 예방 백신 접종에 관해 설명하는 것이다. 이때 활용할 접종 설명문도 직접 제작해 전달해줬다.

고객의 거절은 단지 지금 시간이 없다는 뜻일 수 있다. 고객의 관심사를 정확히 파악하고, 정확한 정보를 바탕으로 미팅을 끌고 간다면 계약은 자연스럽게 따라오는 결과일 뿐이다.

07

고객의 거절을
이해하는
5가지
필살기

영업하다 보면 미팅조차 하지 못하고 고객과 만날 수 없을 때가 있다. 이를 영업에서는 거절당했다고 한다. 이때 필요한 것이 멘탈의 중심을 잡는 일이다. 영업을 잘하지 못하는 사람일수록 멘탈에 대해 매우 약한 모습을 보일 때가 많다. 완전히 무너지거나, 무조건 포기하는 식이다. 둘 다 좋지 않은 방법이다.

영업력에선 멘탈에도 기술이 있다고 말한다. 바로 멘탈의 중심을 잡는 필살기 말이다. 고객 관점에서, 고객의 거절로부터 멘탈의 중심을 잡는 가장 훌륭한 방법은 이해다. 고객에 대한 이해의 다섯 가지 필살기를 살펴보자.

첫째, 우리의 고객은 매우 바쁜 분이다.

이는 말 그대로, 고객에게 허락 없이 소중한 시간을 뺏지 말라는 의미다. 우리의 고객은 매일 바쁘다고 말한다. 어떻게 해야 고객의 소중한 시간을 확보할 수 있을까? 이를 위해 필요한 게 바로 앞서 말한 현 상황 파악하기, 즉 PP다.

예컨대 전원주택을 팔기 위해 공인중개사가 전화를 걸었다고 하자. "사장님, 위치가 너무 좋은데 저렴한 가격에 매물이 나와 연락드렸습니다." 이때 고객은 "네, 관련 정보를 메시지로 좀 남겨주세요."라고 말했다. 과연 이 고객의 진짜 속마음은 뭘까? 정말 지금 급한 용무가 있어 통화하기 어려운 상황이라 메시지로 달라고 했을 수도 있고, 그냥 거절의 형태를 정중하게 말한 것일 수도 있다. 단지 이 상황만 가지고 결론은 내릴 수 없다. 앞뒤 맥락 전체적인 상황을 확인해봐야 할 것이다.

영업을 잘하는 영업 고수는 고객의 소중한 시간을 존중하고 있다고 고객이 느낄 수 있도록 대화를 끌고 간다. 영업 고수는 아무에게나 전원주택을 팔기 위해 연락하지 않았을 것이다. 과거에 전원주택 수요에 대한 문의를 받았던 고객이나 상담을 했던 고객일 확률이 매우 높다.

즉 관심이 있는 고객에 대한 리스트를 지속해서 업데이트해야 한다. 고객이 바쁨에도 불구하고 나에게 시간을 내어주기 위해서 말이다.

둘째, 우리의 고객은 매우 시간이 없는 분이다.

나는 물건을 파는 사람이다.

고객의 관심사를 파악하고, DB(database)를 바탕으로 어떠한 형태로든 고객과의 시간을 확보하기 위해 노력하는데도 불구하고 우리의 고객은 매일 시간이 없다고 말한다. 그러면 나는 도대체 어떻게 영업을 해야 할까? 이대로 포기해야 하나? 영업 말고 다른 일을 해야 하나?

지금 이 과정을 넘지 못하면 영업 말고 다른 일을 하면 잘될까? 절대 아니다. 계속 악순환의 고리를 연결하는 것밖에는 안 된다. 바로 지금 이 고리를 잘라내야만 한다. 그래야 한 단계 더 올라갈 수 있다. 이걸 모르는 영업사원은 없을 것이다. 문제는 알고만 있고, 방법을 찾고, 실행하려고 하지 않는 나태하고 게으른 정신 상태가 문제인 것이다.

어떻게 하면 앞으로 나아갈 수 있을까? 어떻게 하면 위로 올라갈 수 있을까? 그건 바로 고객에게 직접 물어보면 된다. "고객님, 이 물건에 관심 있으세요?", "고객님, 언제 시간이 가능하세요?", "고객님, 바쁘시겠지만 잠시 시간을 내어주시면 고객님께서 관심 있어 하시는 이 제품에 대해 직접 보여드리면서 설명해 드리려고 하는데 가능할까요?"라고 직접 물어보는 게 매우 중요하다.

셋째, 우리의 고객은 내가 판매하는 제품에 관심이 없다. 하지만 이 제품과 유사한 형태의 제품을 사용하고 있다. 제품을 제품으로 상대하려고 하면 안 된다. 영업이 될 리 없다. 너무나도 당연한 이치다. 그러면 어떻게 해야 할까? 고객의 진짜 관심사를 파악해서 공략해보자.

예를 들어 고객의 비용을 절약해주는 것이다. 고객이 직원들과 단합을 위해 워크숍을 준비하고 있다고 하자. 워크숍의 개념과 콘텐츠를 내가 직접 준비해주는 것이다. 이번 워크숍의 개념은 단합이라고 잡고, 단합을 시킬 수 있는 콘텐츠(미니올림픽, 교육, 세미나, 운동회 등)에 대한 전체적인 과정을 함께 준비하고, 실행하는 방법이다. 워크숍 장소에 대해 사전 답사를 가보고, 커리큘럼에 대한 시간 배분과 프로그램 구성을 준비하며 느낀 부분을 최대한 고객의 관점에서 전달하는 것이다.

필요하면 직접 강사가 되어 진행할 수도 있을 것이다. 직접 진행하기 어려운 경우라면 강사 섭외에 도움을 줄 수도 있다. 이렇게 고객의 비용을 절약해주기 위해 노력하는 이유는 뭘까? 물론 도움의 대가로 내가 원하는 것을 조금이라도 더 얻기 위해서다. 하지만 더 중요한 것은 고객과 친해질 수 있는 계기를 마련할 수 있으며 고객에게 만족감을 줄 수 있다는 사실이다.

내가 제품을 단순 설명하러 방문했을 때보다 위의 과정을 거친다면 고객은 나에게 소중한 시간을 흔쾌히 내어줄 확률이 더 높다. 내 이야기를 들을 준비가 되었다는 것이 매우 중요한 사항이다.

'아, 저 담당자는 언제든 나를 도와줄 준비가 된 사람이구나. 나도 저 담당자를 도와줄 방법을 찾아야겠다.' 이때 고객의 주관적 만족감은 높아진다.

넷째, 우리의 고객은 그들의 관심사에는 매우 관심이 높다. 너무나도 당연한 이 말을 우리 영업인들은 잊을 때가 한두 번이 아니다. 고객보다 나에게 더 집중하기 때문이다. 내가 할 말, 내 제품, 내 시간 등이 고객보다 우선시되어 있으므로 고객이 잘 보이지 않는 상황이 빈번하게 발생하는 것이 현실이다.

고객의 주변 인물을 통한 고객의 현 상황, 즉 PP에 대해 찾고, 방법을 함께 해결하기 위해 노력해보자. 그 과정에서 고객의 마음이 조금씩 열리며 눈과 귀가 당신에게 향하고 있음을 발견하게 될 것이다.

마지막으로 나의 가치는 내가 올려야 한다. 고객 대부분은 그들의 앞에 나타나는 영업인들의 첫인상을 보고, 영업인들의 가치를 매긴다. 단순히 잘생기고 그렇지 않은 외모 평가를 말하는 게 아니다. 정돈되지 않은 머리 모양, 푸석푸석한 얼굴, 충혈된 눈, 구깃거리는 정장, 더러운 구두를 착용한 영업인들을 만난 고객들은 속으로 어떤 생각을 할까?

아무 생각이 없거나 저런 영업인과는 진짜 거래하고 싶지 않다고 생각할 것이 불을 보듯 뻔하다. 물론 외모만으로 그 사람에 대한 평가를 정확히 할 수는 없지만, 외모에 내면의 상당 부분이 드러난다는 사실은 부인할 수 없는 사실이다. 자신의 외모 및 모습에 신경 쓰지 않는 영업인들이 생각보다 많이 있다. 스스로 자신의 가치를 떨어뜨리고 있다.

자신의 가치를 올리는 가장 기본이면서 중요한 첫 시작은 바로 거울을 보며 '나는 고객에게 어떻게 보일까?'를 생각해보는 거다. 깔끔한 외모와 정돈된 자세로 고객을 만나면 자신감도 생기고, 자존감도 올라가게 된다. 고객이 자연스럽게 나에게 신뢰가 생기기까지 한다. 세상에서 가장 억울한 일이 뭘까? 시간은 시간대로 쓰고, 비용은 비용대로 쓰는데 나에게 돌아오는 게 하나도 없을 때다. 거절을 밝혀내는 다섯 가지 필살기의 이해가 필요한 이유가 바로 이것 때문이다.

실전 영업 현장에서 '내가 이만큼 시간, 비용을 지불했으니 나에게 도움을 주겠지.'라는 순진한 착각은 버리는 게 낫다. 시간을 덜 사용하고도, 비용을 절약하고도 고객이 '어떻게' 느끼느냐가 핵심이다. 기억하자. 영업은 고객의 거절을 통해 '만족도'를 높이는 게임이다. 고객의 거절은 당연하고, 시작인 것이다. 그래서 고객의 거절에도 '이해'가 필요하다.

거절 고객의 핵심을 찔러라

뛰어난 영업력을 가진 영업 고수는 고객에게 거절을 당할 때 고객에게 더 집중한다. 그래서 고객의 관심사나 이슈가 무엇인지를 파악하기 위한 창의적 대안을 만든다. 그렇다면 누가 이런 창의적 대안을 잘 만들까? 누구는 말한다. "영업 경험이 많아야 한다."라고. 아니다. 말을 잘해야 할까? 그것도 아니다. 다시 말해, 창의적 대안을 만드는 데는 정해진 방법론이 존재한다.

사람은 누구나 그렇다. 내가 고객의 기대를 높일 수만 있다면 그 시점부터 고객은 나를 다시 보게 된다. 중요한 사람이 되는 것이다. 나에게 도움이 될 것 같다고 생각한다면 상대를 우러러보게 되는 게 일반적이다. 이것이 바로 내가 기준을 만들어 고객과 함께 비즈니스 할 수 있는 토대를 만드는 방법이다.

본질적으로 말해 영업이란 결국 '고객의 거절을 바꾸는 게임'이다. 그렇다면 어떤 얘기를 해야 고객의 인식이 바뀔까?

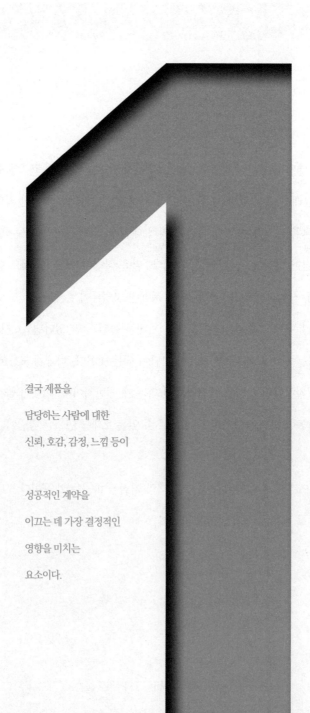

결국 제품을
담당하는 사람에 대한
신뢰, 호감, 감정, 느낌 등이

성공적인 계약을
이끄는 데 가장 결정적인
영향을 미치는
요소이다.

3장

까다로운 고객을
평생 고객으로
만드는
7가지 전략

고객의 거절,
그리고
영업인의
거절

영업력과 관련하여 좀 더 큰 이슈를 고민해보자. 영업에선 세상의 모든 영업을 크게 둘로 나눈다. 관계 중심의 영업과 이익 중심의 영업이다. 이를 그래프로 그려보면 어떨까? 가로축은 '관계', 세로축은 '이익'으로 정하고 둘의 상관관계를 나타내보자. 정비례 그래프가 나올까, 반비례 그래프가 나올까? 두 가지 경우의 수로 나뉜다(그림 1, 2 참조).

첫 번째 그래프는 나와 고객과의 관계가 두터워질수록 나의 이익은 올라가기 마련이다. 영업은 결국 고객과의 관계를 어떤 형태로든 형성하고 발전시켜나가는 영업인이 고수가 될 확률이 높다. 그래서 영업이 어려운 것이다.

두 번째 그래프는 관계가 두터워질수록 나의 이익은 올라가지 않고, 꾸준히 유지되는 형태의 영업을 말한다. 이는 어떤 경우일까? 이 또한 두 가지로 구분될 것이다. 첫째, 고객이 영업사원을 더 도와주고 싶어도 고객의 매출 한계로 인해 더 올라가지 못하는 경우가 있을 것이다. 둘째, 나와 동등한 위치에 있는 경쟁사 영업사원 또한 그 고객과의 관계가 좋을 가능성이 있다.

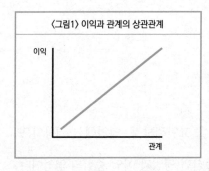

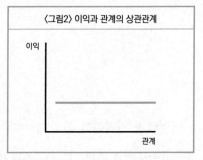

그래서 우리는 영업하기 전에 항상 고민한다. 고객과의 관계를 어떻게 시작해야 하는지를 말이다. 그런데 영업력이 좋은 영업 고수는 이 문제를 아주 쉽게 해결한다. 이를 결정할 수 있는 하나의 요소가 있다고 알려준다. '이것'이 확보되면 관계 중심의 영업, '이것'이 확보되지 않으면 이익 중심의 영업이다. '이것'은 뭘까? 답은 바로 '고객 관심사'와 '지속성'이다. 고객과의 관계를 잘 시작하려면 우리가 담당하는 고객의 관심사를 먼저 파악해야 한다.

관계가 잘 형성되었다면 두 번째는 지속성이다. 어떻게 보면 영업이 참 쉽고도, 어려운 영역인 건 확실하다. 어떤 일이든 지속하는 게 가장 어렵기 때문이다. 고객을 앞으로도 계속 봐야 한다면, 고객의 거절을 기분 좋게 받아들여야 한다. 이는 관계 중심의 영업이다.

고객만 거절할 수 있다는 건 큰 착각이다. 우리도 마음에 들지 않는 고객을 거절할 수도 있다는 것을 반드시 기억하자. 이는 이익 중심의 영업이다. 그 고객 아니라도 괜찮다.

예를 들어보자. 나는 전에 제약회사에서 일했다. 여러 지역에서 다양한 고객들을 만나 영업을 했는데, 그중 내가 고객을 거절한 때도 있었다. 그 고객은 제약회사 직원을 하대하는 것은 물론 자신의 종처럼 부리는 사람이었다. 직원들 사이에서 소문이 날 만큼 난 그 고객은 사람과의 관계보다는 자신의 이익을 먼저 챙기는 사람이었다. 이 책에서 있는 그대로의 사실을 모두 밝힐 수는 없지만 분명한 한 가지는 진상 고객은 어디에나 존재한다는 것이다.

굳이 그 고객의 비위를 맞춰가며 나의 소중한 시간과 에너지를 쏟을 필요가 없다. 우리 시간과 에너지는 우리 스스로가 지켜야 한다. 주변을 돌아보라. 생각보다 많은 고객이 나를 기다리고 있다. 명심하자! 고객만

이 우리를 거절하는 존재가 아니라 우리도 고객을 거절할 수 있다는 사실을 말이다.

영업력을 키우기 위해선 뭘 해야 하는지 아는 게 상당히 중요하다. 하지만 해야 할 것을 하는 것만으로는 완벽하지 않다. 어떻게 해야 하는지 차별화 전략 역시 그만큼이나 중요하다. 지금부터 실전 영업 현장에서 차별화 전략을 어떻게 세우고 적용하는지를 알아보자. 영업력이 좋은 고수들은 이미 자신만의 차별화 전략 세 가지를 통해 고객을 상대하고 있다.

첫째, 내 언어가 아닌 고객의 언어를 쓰는 것이다.

실전 영업 현장에서 중요한 사람은 내가 아닌 고객이다. 고객에게 관심을 기울이고, 주의 깊게 살펴야 하는 이유다. 우리 고객의 관심사는 무엇인지, 어떤 음식을 좋아하는지, 취미는 무엇인지, 어디에 살고 있는지, 자녀는 어떻게 되는지 등에 대한 정보를 갖고 있어야 한다. 아직도 이런 고객의 정보가 영업하는 데 무슨 상관이냐고 묻는 영업인은 제발 없기를 바란다.

세상이 변해도 변하지 않는 본질은 항상 존재한다. 영업에서의 변하지 않는 본질은 바로 '이것'이다. 여기서 이것은 뭘까? 맞다. 고객이다. 우리의 고객이 내 제품을 구매한다는 사실은 영원토록 변하지 않는 불변의 법칙이다. 그런데 아직도 고객에 대해 잘 몰라도 된다고 말하는 사람은 없다고 믿고 싶다.

둘째, 고객에게는 항상 솔직해야 한다.

우리의 고객은 절대 영업사원을 믿지 않는다. 그건 영업사원도 마찬가지다. 서로 믿지 못하는 것이다. 늘 경계하며 내가 다가갈수록 멀어지는 느낌마저 든다. 하지만 고객에게만큼은 늘 솔직한 자신의 모습을 지속해서 보여준다면 고객이 나에게 다가올 것이다. 우리의 고객은 우리 머리 위에 있다는 사실을 잊지 말아야 한다.

셋째, 고객을 판단하지 말고, 있는 그대로를 수용해야 한다.

'이 고객은 이럴 것이다.', '저 고객은 저럴 것이다.'라고 생각하는 것은 사실일까, 판단일까? 이것은 나의 주관적 감정이다. 나도 사람인 이상 처음 고객을 만나면 '첫인상'을 내 감정대로 느낄 수 있다. 경험해보지 않고 내리는 고객에 대한 나의 판단이다. 태도를 바꿔놓고 보면, 고객이 나를 '너는 이런 영업사원'이라고 규정하는 셈이다. 누군가가 나를 잘 알지도 못하면서 좋지 않게 판단하는 일, 이것은 정말 불쾌한 일이다. 영업에선 다양한 고객이 존재하고, 가능한지 판단하지 말고, 받아들이는 편이 낫다. 만약 도저히 함께 비즈니스 할 수 있는 고객이 아니라는 판단이 들면 과감히 다른 고객을 찾는 편이 좋다.

사회에 진출하여 사회생활을 하다 보면 학창 시절과는 다르게 새로운 친구를 사귀고, 만나는 일도 많지 않고, 쉽지도 않다. 가족 구성원이 생기고, 가정에 충실하게 되면 더 그럴 것이다. 내 고객은 파트너이자 동반자라고 생각의 전환을 해보는 건 어떨까? 함께 취미생활을 즐기며, 가끔 차 한잔할 수 있는 비즈니스 친구라고 생각하면 마음이 훨씬 더 편할 것이다. 내가 고객에게 먼저 손을 내밀 수도 있고, 고객이 먼저 나에게 손을 내밀 수도 있다. 마찬가지로 고객이 나에게 거절의 신호를 보낼 수도 있고, 나도 고객에게 거절할 권리가 있다는 것을 절대로 잊지 말자.

고수가 알려주는 영업의 핵심   01

영업력을 키우기 위해선 뭘 해야 하는지 아는 게 상당히 중요하다. 하지만 해야 할 것을 아는 것만으로는 완벽하지 않다. 어떻게 해야 하는지 차별화 전략 역시 그만큼이나 중요하다.

02

분노하지
말고,
원칙으로
대응하라

영업하면서 이런 경험을 한 적이 아마 있을 것이다.

드디어 어렵게 고객과 마주 앉았다. 내가 제품에 관해 설명하는데, 고객이 고개를 끄덕끄덕하며 잘 듣고 있다. 관련 데이터 자료를 보여주면서, 내가 생각해도 말을 너무 잘하고 있다. 내가 고객보다 더 다양한 지식과 정보를 가진 것 같기도 한 착각이 들고, 한 치의 오차도 느껴지지 않는다.

그런데……. 문제가 있다. 고객이 내 얘기를 들으면서 알 수 없는 표정을 한 번씩 보이는데, 대체 내 얘기를 잘 듣고 있는 건지 아니면 그냥 들는 척을 해주는 건지 모르겠다. 몸은 나를 향하고 있는데 머릿속은 다른 곳을 향하고 있는 것 같은 느낌이 든다. 어떤가? 고객은 내 제안을 받아들이기 쉬울까?

절대 쉽지 않다. 인간은 그런 동물이다. 아무리 내가 완벽하게 제품 설명을 한다 해도, 고객의 가슴 속에 다른 무언가가 있다면 그 영업은 어려워진다. 오래전 나를 채용한 팀장이 늘 이렇게 말했다.

"사람은 이성적이기보다는 감정적인 동물이다. 감정으로 결정하고 이성으로 결론짓는다."

예를 들면 이런 식이다.

담당하는 제품의 영업사원이 너무 잘하니까 (감정으로 결정)
그 친구 제품을 사용해야겠다.
생각해보면 제품력도 너무 좋고, 사용해보자! (이성으로 결론).

행동심리학과 행동경제학에 따르면 인간은 우리가 생각하는 것보다 훨씬 더 감정적인 동물이라고 말한다. 그리고 언어와 기호에 많이 좌우되는 존재이다.

'감정 휴리스틱(Affective Heuristic)'이라는 것이 인간에게 존재한다고 한다. '감정 휴리스틱'은 확률 판단을 포함한 여러 형태의 판단이나 의사

결정을 할 때 이성이 아닌 감성이 휴리스틱으로 작용하여 선택에 영향을 미치는 것을 말한다. 한마디로 말해, 인간은 감정적으로 의사결정을 한다는 소리다.

예를 하나 들어보자. 흰 공과 검은 공이 섞여 있는 두 개의 주머니가 있다. A 주머니에는 검은 공 1개, 하얀 공 9개, 총 10개의 공이 들어 있다. B 주머니에는 검은 공 8개, 하얀 공 92개, 총 100개의 공이 들어 있다. 두 주머니 중 한 곳을 선택하여 검은 공을 뽑으면 좋은 선물을 준다고 한다.

만약 당신이라면 어느 주머니를 선택할 것인가? A 주머니? B 주머니? 어느 쪽인가? 실제 연구에서는 어느 쪽을 선택하는 사람이 많았을까? A 보다 B를 뽑겠다는 사람들이 많았다. A 주머니에서 검은 공을 뽑을 확률(10%)이 B 주머니에서 검은 공을 뽑을 확률(8%)보다 더 높은데 왜 많은 사람이 B를 뽑겠다고 한 것일까?

도대체 이유가 뭘까? 바로 감정 휴리스틱이 작동하고 있기 때문이다. 위의 경우 '10% vs 8%' 추상적이고 확률적인 형식 대신 '1개 vs 8개'라는 구체적인 숫자의 형식을 사용하여 사람들이 감성적 판단과 의사결정을 하도록 만들고 있다. 사람이 감정의 동물이라는 것은 임상시험을 통해 의학적으로 밝혀진 사실이다.

생각이 감정에 작용하는 네트워크보다 감정이 생각에 명령을 내리는 네트워크가 3배 더 많다는 것이다. 즉 감정이 생각을 지배하는 것이다.

그러니 거절에 대해 고객과 영업인의 차이가 발생할 수밖에 없다. 나는 고객이 시간을 허락해줘서 기가 막히게 설명한 것 같은데 고객의 반응은 왜 시큰둥할까?

고객은 지금 이성적으로 생각하고, 판단하고, 내 얘기를 듣고 있는 척하지만 사실 감정적인 동물이라 다른 뭔가를 원하고 있다. 그 요구(욕구)를 정확하게 파악하여 해결해주려고 노력하는 사람이 바로 영업력이 좋은 영업 고수이다.

영업하다 보면 문전박대를 당하는 일을 수도 없이 경험하게 된다. 대놓고 거절하는 고객들을 만날 때 영업사원들의 반응은 두 부류로 나뉜다. 한 사람은 "아, 진짜 어이없네. 속상하다."라고 생각하며 정신적으로 무너진다. 또 다른 사람은 "내가 준비가 덜 되었다. 오케이. 잘 준비해서 다시 오겠다."라며 무너진 정신력을 다 잡는다.

내가 수년간 영업 현장에서 다양한 고객들을 만나며 깨달은 것은 세 가지다.

첫째, '고객의 거절은 너무나도 당연하다.', '영업은 고객의 거절에서부터 시작된다.'라는 것이다. 당연한 이 말을 영업을 막 시작했을 때는 몰랐다. '아, 대체 왜 거절하는 거야.'라며 나와 고객에게 집중하기보다 상황, 환경에 중점을 두었다. 영업의 본질을 깨닫고 나서야 고객의 거절은 나를 돌아보고, 고객에게 더 집중할 수 있는 계기가 되었다.

둘째, 거절하는 고객을 만났을 때 나름의 자기 규율이 있어야 한다는 것을 배웠다. '고객은 왜 거절했을까?', '고객은 나를 거절한 것이 아니라 자신의 시간을 뺏기고 싶지 않은 것이다.', '잘 준비해서 다시 와야지.'라고 생각하고 나만의 원칙을 세웠다. 그러면서 동시에 고객을 더 파악하기 위해 노력했다. 즉 고객의 스타일이나 즐기는 것들, 관심사를 파악해낼 수 있어야만 허무하게 거절당하지 않는다.

셋째, 고객의 측근들과 먼저 친해져야 한다는 것을 느꼈다. 앞서 사람은 이성보다는 감정에 더 지배받는다는 사실을 밝혔다. 고객의 마음을 열기 위해 고객을 직접 만나기보다는 주변 인물이 어떻게 되는지 파악한 후, 그들과 먼저 친해지면 다음 일은 더 쉬워지기 마련이다.

그래서 실전 영업에선 한 번에 좋다고 하며 계약에 성공한 영업인보다는, 영업의 원리를 알고 고객의 거절 이슈에 대한 경험이 있는 영업인이 더 좋은 결과를 오래도록 만들어낸다. 실제로 영업을 해보면 그렇다. 거절에 대한 경험이 나를 더 탄탄하게 해준다. 고객이 매일 거절한다고 하더라도 두려워할 필요 없다. 아는 만큼 보이는 법이다. 영업의 원리를 아는 사람에게 거절하는 고객은 장차 나의 A급 고객일 뿐이다.

우리의 제안이 고객에게 좋다고 해서 고객이 무조건 받아들이는 게 아니다. 우리의 제안을 고객이 받아들일 준비가 되었는지에 따라 받아들여지는 게 결정이 난다. 실전 영업 현장에서 고객이 내 제안을 받아들이지 않았다고 실망하거나 분노하지 말자. 영업력이 좋은 영업 고수는 불평, 불만을 느끼는 대신 자신의 제안을 고객이 받아들일 수 있도록 하는 데 더 많은 시간과 에너지를 사용한다.

우리가 현장에서 만나는 고객 대부분은 보이는 것처럼 차갑고, 이성적이지 못하다. 특히 한 분야의 전문가들을 상대해보면 지나치게 딱딱해 보이지만 사실 그렇지 않은 사람들인데 그렇게 보이는 척을 하는 경우가 참 많이 있다. 생각이 감정에 작용하는 네트워크보다 감정이 생각에 명령을 내리는 네트워크가 3배 더 많다는 연구 결과도 있다고 말했다.

당신도 이 말에 공감하는가? 그렇다면 이제 우리가 해야 할 일이 생긴다. 어떻게 해야 고객의 마음을 터치할 수 있을 것인지에 대해 고민하고, 생각하고, 방법을 찾아야 한다. 그래야 고객이 내 제안을 받아들일 가능성이 커지기 때문이다. 현장에서 내가 자주 사용하는 두 가지 방법을 이야기한다.

첫 번째는 미러링(mirroring) 원리를 활용하는 것이다. 미러링이란 말 그대로 내가 고객의 거울이 되어주는 기법이다. 고객에게 내가 그와 비슷한 사람이라는 동질감을 심어줘 나에 대한 호감과 편안함을 극대화하는 방법이다.

두 번째는 나만의 공감하는 법을 활용하는 것이다. 고객의 이야기 속에서 기분이나 감정, 어떤 느낌을 받았다면 그 즉시 공감한다. 돈 들이지 않고 고객의 마음을 터치할 수 있는 최고의 방법 중 하나다. 미러링과 공감하는 구체적이고 실질적인 방법에 대해 궁금하다면 나의 세 번째 저서인『영업 코칭 스킬』을 참고하길 바란다.

고수가 알려주는 영업의 핵심   02

사람은 이성보다는 감정적인 동물이다. 감정으로 결정하고 이성으로 결론짓는다.

03

고객이
거절을 잘하는
3가지
이유

영업하다 보면 다양한 고객을 만나게 된다. 이번 글에선 고객이 거절을 잘하는 3가지 이유에 관해 이야기하려 한다. 우리의 고객은 왜 거절을 잘할까? 우리는 왜 고객으로부터 거절을 당해야만 할까? 생각해본 적 있는가? 가만히 생각해보자. 우리의 고객은 나보다 잘나가는 사람들인가? 그렇지 못한 사람들인가?

대다수 고객은 나보다 더 잘나가는 부류의 사람들이다. 내가 고객들을 만나기 위해 노력하는 말과 행동은 고객들에게 뭔가를 얻어내기 위해서이다. 반대로 생각해보라. 우리의 고객은 어떤가? 굳이 내가 아니라도 괜찮다. 내가 판매하는 제품을 구매하지 않아도 괜찮은 사람들이다.

그들은 소중한 시간과 에너지를 나에게 맞춰 사용할 필요가 없는 사람들이다. 그러기 때문에 그들은 우리가 다가갈수록 멀어지려고 한다. 영업에 관한 책을 벌써 4권이나 집필했다. 그러다 보니 독자들로부터 메일로 "작가님, 고객에게 거절당하지 않는 방법 좀 알려주세요?", "어떻게 하면 고객의 거절을 극복할 수 있을까요?"라는 질문을 받는다.

정확한 답변은 질문을 건넨 독자의 상황을 정확히 이해해야 할 필요가 있겠지만 내가 꼽는 답은 '신뢰'다. 고객에게 신뢰를 심어주는 영업사원은 반드시 성공하는 법이다. 불변의 법칙이다. 그렇다면 신뢰는 어떻게 쌓아야 할까? 한 번에 되는가? 여러 번에 되는가?

신뢰는 고객과 나와의 관계에서 출발한다. 그 때문에 관계 영업이 신뢰를 쌓는 첫걸음이다. 그렇다면 고객에 대한 나의 신뢰는 언제 생길까? 내가 고객과의 약속을 잘 지킬 때? 고객이 존중받는다고 느낄 때? 내가 고객의 말을 잘 들어줄 때? 아니다. 바로 내가 일관성 있는 모습을 지속해서 보여줄 때 신뢰가 생긴다.

그래서 영업은 지속적인 배움이 매우 중요하다. 아는 것과 아는 것을 실행하는 차이는 하늘과 땅 차이만큼 크기 때문이다. 배움을 통해 계속 인지하고, 실전 영업 현장에 적용해봄으로써 나를 단련시켜야 한다.

오래전부터 영업 좀 한다는 영업 고수들에게 물어본 적이 있다. "영업을 잘하려면 가장 필요한 것은 무엇일까요?" 나를 비롯한 모든 영업 고수들은 말한다. "영업에서 가장 중요한 자산은 바로 신뢰"라고. 서로 간에 신뢰가 있으면 거절을 덜 당할 수 있고, 거절을 덜 당하면 기회가 생기기 마련이다.

신뢰는 영업 분야뿐 아니라 기업의 경영 방침으로 끊임없이 강조하고 있는 말이다. 신뢰는 기본적으로 모든 인간관계의 근본이며, 나아가 모든 비즈니스의 근간이 된다. 비즈니스도 영업도 결국은 인간관계에 기초한다고 믿기 때문에 신뢰 없이는 고객으로부터 어떤 기대도, 발전도 없다고 생각한다.

특히 나와 같은 영업 조직의 경우 신뢰가 무엇보다도 중요한 이유는 무형의 자산을 파는 1인 기업가이기 때문이다. 물론 판매하는 제품은 존재한다. 하지만 그 제품도 결국은 사람이 사람을 상대하여 판매되기 때문에 신뢰를 바탕으로 미팅 기회를 잡아야 한다. 고객은 결국 담당자인 영업사원을 보고 물건을 구매하기 때문에 우리가 할 수 있는 모든 것은 '신뢰'를 쌓는 일일 뿐이다.

고객으로부터 선택받을 수 있도록 '이것'을 쌓아가는 것, 고객으로부터 거절을 당하지 않기 위해 '이것'을 쌓아가는 것. 이것은 바로 '신뢰'다. 나를 선택해준 고객에게 신뢰를 지켜주는 일, 한 번 인연을 맺은 고객이 나를 계속해서 믿고 선택하게 만드는 것, 우리의 가치를 키우는 것 또한 신뢰로부터 비롯된다는 것을 알아야 한다.

실전 영업 현장에서 보면 신뢰를 구축해야 하는 대상과 고민은 매우 다양하다. 함께 발로 뛰고 있는 직원들이 즐기며 일할 수 있는 환경을 만들기 위해 영업 임원은 무엇을 해야 하는가, 내가 제공하는 서비스에 대해서 고객의 불만은 없을까, 우리와 함께 발로 뛰고 있는 파트너사의 애로사항이 무엇인가, 우리의 고객들에게 어떻게 하면 지속해서 도움을 줄 수 있을까. 일련의 모든 과정이 신뢰 구축을 위해서 임원이 고민해야 하며, 끊임없이 해결하기 위해 노력해야 하는 과제일 것이다.

　또한, 신뢰를 구축하고 지속해서 유지하기 위해서 영업 담당자 스스로 배워야 한다. 영업과 관련된 모든 고객과의 약속을 꼭 지키는 것은 신뢰의 근간이다. 더 나아가 나의 인생 전체의 성장과 성공을 이끌어줄 수 있다고 믿는다. 서로 간에 신뢰가 있으면 관계가 형성되고, 그 이후 서로 간의 긴밀한 정보 교환이 이루어진다. 정보 교환이 이뤄지면 고객의 요구, 즉 욕구를 파악하게 된다. 그리고 그 욕구를 충족시켜주기 위해 노력하는 일련의 전 과정을 고객이 지켜보며 나의 욕구도 채워지게 되는 것이다. 이런 선순환의 출발점이 바로 신뢰다.

　고객이 거절을 잘하는 3가지 이유는 뭘까? 답은 단순하다.

　첫째, 자신의 시간과 에너지를 지키고 싶은 마음이다.
　둘째, 나와 신뢰가 없기 때문이다.
　셋째, 귀찮고 관심도 없기 때문이다.

이런 세 가지 이유로 인해 우리의 고객은 거절을 누구보다 잘하는 것이다. 이런 거절의 달인 고객과의 관계, 즉 신뢰를 쌓는 가장 쉬운 방법은 뭘까?

고객이 원하는 걸 '주는 것'이다. 비록 고객이 지금 당장 원하는 게 아니더라도 뭐든지 고객에게 주는 게 고객의 마음을 열 수 있는 가장 쉬운 방법이다. 내가 주로 하는 방법 5단계 프로세스를 공유하겠다.

1단계 : 고객(Key man) 주변 인물과의 친분을 먼저 쌓는다.
2단계 : 주변 인물을 통해 고객(Key man)의 관심사 및 이슈를 파악한다.
3단계 : 관심사 및 이슈를 내가 해결해주기 위해 결단한다.
4단계 : 결단 이후 사전 준비를 한다.
5단계 : 실행한다.

사전 준비 단계에서 내 능력 밖의 일이라면 전문가에게 도움을 요청하면 된다. 찾아보면 방법은 무궁무진하다. 생각만 하고, 실천하지 않기 때문에 한 발 앞으로 나아갈 수 없지 실행 의지만 있다면 누구든 가능한 일이라고 생각한다. 그리고 보면 뭐든지 상황을 탓할 필요 없다.

겨울이 되면 춥다. 추운 겨울이 지나고, 무더운 여름이 찾아오면 언제 그랬냐는 듯이 "더워 죽겠네."라고 투덜거린다. 추운 겨울은 까마득히 잊은 지 오래다. 다시 겨울이 찾아오면 "아~ 추워 죽겠네."라고 한다. 겨울은 추워야 제맛이고, 여름은 더워야 제맛이다. 상황을 탓하지 말고, 해결할 방법을 함께 찾아보자.

나는 그동안 강의와 책을 통해 항상 주장해왔다.

"영업력이 좋은 영업 고수가 되자!" 영업력이 좋은 영업 고수는 고객이 거절을 잘하는 이유를 누구보다 잘 알고 있으며, 고객의 거절은 당연하고, 거절은 끝이 아닌 시작이라는 사실을 너무나도 잘 알고 있다. 그러기 위해선 내가 먼저 고객에게 뭔가를 줘야 한다. 이것은 영업뿐만 아니라 인생사에서도 변치 않는 진리다.

고수가 알려주는 영업의 핵심   **03**

고객이 거절을 잘하는 3가지 이유는 뭘까? 답은 단순하다. 첫째, 자신의 시간과 에너지를 지키고 싶은 마음이다. 둘째, 나와 신뢰가 없기 때문이다. 셋째, 귀찮고 관심도 없기 때문이다.

04

거절의 달인,
고객의
욕구를
파악하라

영업력에서는 고객을 이해하는 핵심적인 개념으로 '겉모습'과 '속마음'을 강조한다. '겉모습'은 겉으로 표현된 '거절'을 의미하고 '속마음'은 충족되길 바라는 내면적 '욕구'를 의미한다. 우리는 겉으로 표현되는 거절에만 집착해서 쉽게 좌절하고, 포기해버리며 고객의 속마음, 즉 욕구를 파악하지도 못한 채 영업을 어려워하는 경우를 자주 본다.

고객의 거절이 올 때, 한 발짝 물러서서 '왜 저런 반응을 보일까, 고객의 진짜 속마음은 무엇일까'를 생각해 볼 필요가 있다. 고객으로부터 지속해서 거절을 당할 때는 겉으로 표현된 겉모습 이면에 좀 더 근원적인 욕구가 자리 잡고 있다는 사실을 인지하고, 욕구를 만족시킬 수 있는 다른 방법들을 고민하여 문제 해결의 실마리를 찾을 수 있다.

거절의 달인 고객의 욕구를 파악할 수 있는 다섯 가지 방법을 알려주겠다.

첫째, 고객 주변 인물들을 탐구하라.

고객의 욕구는 결국 주변 인물들의 말과 행동을 통해 드러나게 마련이다. 고객에게 먼저 찾아가기보다는 주변 인물들과 관계를 먼저 쌓고, 고객에 대한 주요한 정보를 취득해야 한다. 그리고 이를 통해 드러나는 고객의 욕구를 재빨리 파악해야 한다.

둘째, 강력한 질문을 하라.

질문은 고객의 정보를 알아내고 발견해내는 데 가장 좋은 방법이다. 그리고 강력한 질문은 간결하고, 명료하며, 비판적이지 않다. 의도가 있으며, 방향성을 갖고 있다. 이런 질문은 고객의 마음을 여는 데 매우 효과적이다. 내가 생각하는 강력한 질문의 가장 좋은 방법은 우리가 흔히 알고 있는 열린 질문을 사용하는 것이다. 열린 질문을 통해 고객 내면의 욕구, 즉 속마음을 최대한 많이 끌어내야 한다.

셋째, 적극적으로 경청해라.

강력한 질문, 즉 열린 질문을 활용하여 고객의 정보를 최대한 끌어냈다면 이후에는 최대한 잘 들어주는 모습을 취해야 한다. '칭찬은 고래도 춤추게 한다.'라는 말이 아니라 '경청은 고객을 계속 말하게 한다.'를 명심하라. 내가 아니라 고객이 더 많이 이야기하도록 환경을 조성해야 한다. 그래야 고객의 진짜 속마음을 확인할 수 있다.

넷째, 나의 보스를 적극적으로 활용하라.

때에 따라서는 나의 상사를 고객에게 소개하는 것이 고객의 욕구를 파악하는 데 도움이 된다. 예를 들어 미팅에 앞서 "보통 제가 결정을 하는데 고객님께는 전국을 총괄하시는 저의 팀장과 함께 방문 드리겠습니다."라고 얘기한다면, 고객은 마치 자신의 가치가 더 높은 것처럼 생각하게 하는 효과가 있다. 고객은 마음을 열고 자신의 욕구를 직접 밝히거나 우리가 제안한 내용에 대해 적극적으로 검토하게 된다. 상황과 고객의 스타일에 따라 다를 수 있지만, 영업에서 상사와의 동행은 때론 강력한 힘을 발휘할 때가 있다.

다섯째, 점심시간을 적극적으로 활용하라.

영업하는 사람이 혼자 점심을 먹어서는 안 된다. 점심시간을 적극적으로 활용하여 고객과 함께 밥을 먹고, 시간을 보낼 수 있어야 한다. 함께 식사하며 나에 대해 조금씩 알리고, 고객에 대한 정보도 쉽게 파악할 수 있다. 영업력이 좋은 영업 고수들은 고객이 가진 숨은 욕구, 즉 속마음을 파악하고 이를 자극한다. 제품 판매와 같은 직접 연관되는 대화는 아니지만, 함께 밥을 먹으며 나누는 일상적인 대화를 통해 고객의 감정을 터치해주는 것이다. 이는 고객을 설득할 수 있는 중요한 요인이다.

애플의 전 CEO 스티브 잡스에 얽힌 일화는 그가 숨진 이후에도 여전히 국내외 언론의 관심을 받고 있다. 소프트뱅크의 손정의 회장이 최근 한 언론과의 인터뷰에서 밝힌 잡스와 관련된 일화를 소개하겠다.

손정의 회장은 애플이 아이폰을 내놓기 2년 전인 2005년 스티브 잡스를 찾아갔다. 당시 손 회장은 애플이 만들어야 할 스마트폰을 스케치한 그림을 들고 있었다. 손 회장은 아이팟에 모바일 기능을 추가한 그림을 잡스에게 내밀었다. 그랬더니 스티브 잡스가 자신의 그림이 있으니까 그 그림은 자기에게 주지 말라고 했다고 한다.

당시 회동에서 손 회장은 잡스에게 "애플이 스마트폰을 만들게 되면 일본 시장 공급권을 우리에게 달라"고 요구했다. 그러나 잡스는 소프트뱅크에 스마트폰 독점 공급권을 주겠다는 문서를 작성해달라는 손 회장 요구를 거절했다고 한다. 이유는 간단했다. 당시 손 회장이 이끌고 있던 소프트뱅크는 통신사를 갖고 있지 않았기 때문이다.

이렇게 거절당한 후 손 회장은 어떤 생각과 행동을 했을까? 그 뒤 얘기는 잘 알려진 대로다. 손 회장은 이듬해인 2006년 150억 달러를 들여서

보다폰 일본 지사를 매입했다. 그리고 2008년 애플과 아이폰 공급 계약을 체결했다. 당시 소프트뱅크 모바일은 일본 시장에서 3위에 머물고 있었다. 하지만 아이폰 공급 계약 덕분에 시장 점유율을 상당 부분 잠식할 수 있었다.

만약 첫 번째 미팅에서 잡스에게 거절당한 손 회장이 자신이 원하는 것을 되풀이해서 요구하기만 했다면 잡스가 이를 받아들였을까? 아마도 또다시 거절당했을 것이다. 손 회장은 거절당한 후 어떻게 하면 잡스의 마음을 잡을 수 있을지를 고민했고, 상대방이 가장 필요로 하는 것이 무엇인지를 정확하게 파악하여 실행에 옮겼다. 이를 통해 서로가 누이 좋고 매부 좋을 수 있는 성공적인 영업을 한 것이다.

거절의 달인 고객의 겉모습에 휘둘리지 말고, 속마음을 읽어낼 수 있도록 기회를 만들어야 한다. 나의 요구를 같은 방법으로 지속하는 게 아니라, 수정 후 고객의 욕구를 정확히 발견하여 해결하려고 노력하는 것이 고객을 설득하는 데 훨씬 더 효과적이다. 그런데 만약 당신이 고객의 욕구를 쉽게 찾지 못한다면 모든 사람에게 발견할 수 있는 공통된 욕구를 충족시키는 것으로 시작해보는 건 어떨까?

인간의 욕구 중에서 가장 공통으로 발견된 욕구가 바로 '인정받고 싶은 욕구'이다. 부모 형제의 인정을 받고 싶어 하고, 친구 동료의 인정을 받고 싶어 하고, 상사로부터 인정을 받고 싶어 하고, 선생님으로부터 인정을 받고 싶어 하고, 사회적 인정을 받고 싶어 하고, 사랑하는 사람으로부터도 인정을 받고 싶어 한다.

생각해보면 아이든, 어른이든, 직장인이든, 1인 기업가든, 임원이든, 대표든 모두 자신이 중요한 사람이라고 느끼고 싶어 하고, 상대로부터 인정받고 싶어 하는 것을 알 수 있다. 그리고 끊임없이 확인하고 싶어 한다. 우리의 고객은 어떨까? 우리의 고객도 마찬가지이다. 인정받고 싶어 한다. 그러면 우리는 뭘 해야 할까? 그렇다. 고객을 인정해주면 된다. 영업력이 좋은 영업 고수들은 실전 영업 현장에서 만나는 고객이 가진 숨은 속마음 중에서 인정받고 싶은 욕구를 잘 활용하는 사람들이다. 돈 들이지 않고, 고객에게 호감을 살 수 있는 이 방법을 사용하지 않을 이유는 전혀 없다. 배웠다면 써먹어야 하고, 알게 되었다면 바로 적용해봐야 한다. 거절의 달인 고객의 속마음을 잘 발견했다면 그들은 곧 나의 A급 고객이 될 것이다. 지금 당장 현장으로 나가보자. 할 수 있다!

고수가 알려주는 영업의 핵심　　　　　　　　　　04

영업력이 좋은 영업 고수들은 실전 영업 현장에서 만나는 고객이 가진 숨은 속마음 중에서 인정받고 싶은 욕구를 잘 활용하는 사람들이다.

05

거절이
아니라
호감을 부르는
영업 전략

고객들은 자신이 호감을 느끼는 영업사원의 제안을 유독 잘 들어준다. 영업력이 좋은 영업 고수의 특징을 살펴보면 그들은 고객의 호감을 끌어내는 데 탁월하다. 만약 이 글을 읽고 있다면, 독자분들이 자신의 상황과 빗대어 고객을 상상해보고, 적용해보며 자신이 얼마나 고객에게 호감을 주는 사람인지 파악해보길 바란다.

그럼 과연 호감을 어떻게 끌어낼 수 있을까? 고객에게 거절당하지 않고, 호감을 불러일으키는 다섯 가지 전략을 알아보자.

첫째, 매력 있는 사람으로 거듭나라.

유전자나 기본적인 신체 조건을 스스로 바꿀 수는 없지만, 가진 것을 어떻게 사용하는지는 본인에게 달려 있다. 사람들은 매력적인 사람에게 호감을 느낀다. 고객도 매력적인 영업사원은 더 능력 있으리라 생각한다. 매력적인 사람이 되는 데에는 단정한 외모, 성격과 스타일 등 여러 가지 조건이 필요하다.

매력을 키우는 가장 쉽고 기본적인 방법은 철저한 위생 관리이다. 향기가 좋은 사람이 오래 기억되는 법이다. 자신의 얼굴형과 어울리는 머리 모양을 통해 더 자신감 있는 모습으로 당당하게 나아가자. 또한, 자신의 체형에 잘 맞는 옷 스타일도 매우 중요한 부분이다. 이처럼 영업하는 사람들은 상대하는 모두에게 매력적인 사람으로 거듭날 수 있도록 신경 써야 한다.

다양한 사람들을 만나다 보면, 대부분은 자신이 호감을 느끼는 사람과 친밀한 관계를 맺고 싶어 하기 마련이다. 그리고 우리가 호감을 느끼는 사람들은 대부분 예의 바르고, 친절하고, 유쾌하다. 매력적인 사람들이 주로 보이는 공통적인 특징 5가지를 소개한다.

1) 항상 진정성 있는 모습으로 상대를 대한다.
2) 칭찬과 경청을 통하여 자신감 있는 모습을 취한다.
3) 공감과 인정을 적절히 활용한다.

4) 악수, 하이파이브 등 신체 접촉의 힘을 적절히 활용한다.

5) 상대가 존중받고 있다고 느끼게 행동한다.

둘째, 미러링 기법을 적절히 활용하라.

한 심리학자가 진행한 유명한 원숭이 실험을 알 것이다. 그는 긴꼬리 원숭이의 뇌에 전극을 이식한 뒤, 음식을 먹거나 물체를 집는 행동을 할 때 뇌의 뉴런에서 어떤 반응이 일어나는지 연구하고 있었다. 그런데 실험 도중 한 가지 특이점을 발견했다. 전극이 이식된 원숭이의 뇌에서 자신이 직접 행동을 할 때 자극되었던 부분이, 다른 원숭이가 똑같은 행동을 하는 것을 그저 '보기만' 했을 때도 같은 부분이 자극된 것이다.

거듭 연구를 반복한 결과, '거울 뉴런'이라는 것의 존재를 알게 되었다. 이는, '자신이 직접 해당 행위를 하지 않더라도, 타인이 그 행동을 하는 것을 보는 그것만으로도 뇌에서 유사한 반응을 보이게 하는 뉴런'을 말한다. 즉, 내 행동을 따라 하거나 내 감정을 이해하는 행동을 보일 경우, 그 사람이 나와 '유사하다'라는 사실을 인식하면서 더 친밀감과 호감을 느끼게 된다.

누군가가 나에게 호감을 느끼게 하기 위해서는, 그 사람이 거울을 보고 있는 것처럼 그 사람의 목소리 톤과 행동을 모방하고 그 사람이 하는 이야기 속에서 묻어나는 감정을 이해하고 그것을 표현하라는 것이다. 이것이 바로 미러링 기법이다.

셋째, 공감하는 모습을 보여라.

우리는 자신에 대한 감정과 느낌을 이해해주고, 함께하려고 하는 사람에게 감동과 호감을 느낀다.

"정말 화날 것 같아요. 저라도 못 참을 것 같아요."
"얼마나 기쁘시겠어요. 진심으로 축하드립니다."

· 고객과 공통점을 찾기 위해 노력해보자.
· 고객의 삶에 관심을 기울여보자.
· 경청은 고객의 이야기에 관심이 있다는 것을 표현하는 방법이다.

실전 영업 현장에서 고객과 진행되는 미팅 속에서 고객은 영업사원이 내 편인지 아닌지 여부를 어렵지 않게 알아차릴 수 있다. 만일 영업사원이 고객의 세심한 감정을 알아차리고, 함께하고 있다는 사실을 인지하게 될 경우, 고객은 영업사원에 대한 호감과 함께 친밀감을 느끼게 된다.

그리고 어떤 방식으로든 영업사원으로부터 받은 공감을 다시 되돌려주고 싶다고 생각하게 된다. 자신만의 공감하는 기술을 활용하여 고객이 호감을 느끼게 하자.

넷째, 외면보다 더 중요한 내면의 힘을 키워라.

내면의 힘을 키우기 위해서는 자신의 있는 모습 그대로를 받아들일 줄 알아야 한다. 남과 비교하지 말고, 가지지 않은 것에 불평하지 말아야 한다. 이미 충분히 가진 것에 대해 기뻐하고, 감사하는 마음이 중요하다.

영업사원으로서 성장하고 성취감을 느끼게 하는 것을 발견하고, 끊임없이 배움으로써 내면의 단단함을 키워야 한다. 과거에 얽매이지 말고, 현재에 충실하면 보다 단단한 내면을 키울 수 있는 사람이 된다. 또한, 평소에 꾸준히 책을 읽는 사람들의 내면은 그렇지 않은 사람과 확연하게 차이가 난다.

독서는 나의 그릇을 키우고, 넓힐 수 있도록 도와준다. 나는 지금도 내가 속해 있는 영업, 마케팅 관련 분야의 새로 출시되는 책들은 모조리 구매해서 읽으며 배운다. 그리고 실제 영업 현장에 적용하며 내 것으로 만들기 위해 노력한다. 내면의 힘을 키우는 가장 훌륭한 방법은 바로 독서이다.

다섯째, 이성보다는 감정을 활용하라.

우리는 감정적인 이유로 결정을 하고 이성적인 이유를 대는 경우가 많다고 앞에서 말했다. 그만큼 의사결정 과정에서 감정적인 부분이 차지하는 비중이 크다는 것은 이미 잘 알려진 사실이다. 하지만 우리는 실전 영업 현장에서 감정을 배제해야 더 전문가적인 모습을 보여줄 수 있다고 알고 있다.

하지만 사실이 아니다. 의도적으로 고객의 감정적인 부분을 터치하기 위해 더 신경 쓰고, 노력해야 한다. 인간 행동은 이성보다는 감정에 지배를 받기 때문이다. 고객 역시 감정을 결부해 분석해야 하는 이유다. 고객 감정을 잘 활용하는 방법 7가지는 질문과 경청, 공감과 인정, 격려와 지지 그리고 칭찬이다. 나는 이를 〈영업 코칭 스킬 세일즈맵〉이라고 부른다.

흔히 사람들을 설득하거나 협상할 때, 그리고 영업을 위해선 논리적이고 이성적으로 고객의 마음을 사로잡아야 한다고 생각하지만 절대 아니다. 고객의 마음을 여는 것은 이성이 아니라 감정을 터치하는 일이다. 단시간 내 고객으로부터 거절을 극복하고 싶은가? 고객의 감정을 터치하는 순간 더는 당신은 고객으로부터의 거절을 경험하기 어려울 것이다.

고수가 알려주는 영업의 핵심   05

고객들은 자신이 호감을 느끼는 영업사원의 제안을 유독 잘 들어준다. 영업력이 좋은 영업 고수의 특징을 살펴보면 그들은 고객의 호감을 끌어내는 데 탁월하다.

06

눈은
입보다
많은 사실을
말한다

"눈은 마음의 창"이라는 말을 들어보았을 것이다. 실제 눈에서 사람의 성격을 읽을 수 있다는 연구 결과는 오래전 밝혀진 사실이다. 스웨덴 오레브로 대학의 라르손 박사는 428명의 홍채를 근접 촬영한 사진을 분석하고 각자 성격에 관한 설문 조사를 통해 눈의 홍채에 있는 구멍(음와)과 선(수축수)을 분석한 결과 구멍이 많은 사람은 성격이 온화하고 따뜻하며 사람을 쉽게 신뢰하는 성격이지만 선이 많은 사람은 실질적이고 충동적인 성격인 것으로 나타났다고 말했다.

또한, 미국 콜로라도 볼더대 신경과학과와 코넬대 인간생태학과 공동 연구진은 눈이 '본다'라는 기능적 차원에서 진화를 시작했지만, 마음을 표현하는 데 가장 중요한 소통 수단으로 자리 잡게 됐다는 사실을 과학적으로 밝혀냈다.

실전 영업 현장에서 고객과의 미팅은 매우 중요한 시간이다. 그리고 이는 향후 돌이킬 수 없는 결과를 일으킬 수 있는 순간이기도 하다. 그만큼 미팅에서는 신중해야 하고 분위기, 고객의 반응을 잘 살펴봐야 한다. 고객과의 미팅 전에 우리가 반드시 확인해야 할 다섯 가지 사전 점검표는 아래와 같다.

① 고객의 눈은 마음의 창이다.
② 고객의 눈은 마음이 머무는 곳이다.
③ 고객의 입은 거짓말할 수 있지만, 눈은 결코 거짓말할 수 없다.
④ 미소는 숨길 수 있지만, 눈은 숨길 수 없다.
⑤ 고객의 눈은 생각보다 많은 사실을 말하고 있다.

미팅하다 고객이 명확한 견해를 밝히지 않고, 다양한 핑계를 말하며 교묘하게 대화를 피하는 태도를 보인다면 고객이 이번 미팅을 통해 나와 계약할 의사가 있는지 다시 한번 검토해봐야 한다. 고객이 계약할 의사는 전혀 없이 나에게 정보만 취하려고 하는 건 아닌지, 또 계약할 누군가가 있으면서 나를 단지 비교 대상에 올려놓은 것은 아닌지 확인해볼 필요도 있다.

나의 소중한 시간과 비용 그리고 에너지가 낭비되고 있기 때문이다. 이럴 때 확인할 수 있는 확실한 방법이 바로 고객의 눈을 관찰하는 것이다. 고객의 눈을 관찰하는 구체적인 방법은 다음과 같다.

첫째, 고객의 눈은 마음의 창이다.

눈에는 우리가 상상하는 것 이상의 많은 정보가 담겨 있다. 고객과의 미팅에서 대화를 나누는 데 만약 고객이 나의 시선을 회피하거나 다른 일을 한다면 의심해봐야 한다. 고객이 나와 계약할 생각이 있는지 없는지 말이다. 나도 바쁜 시간을 내어 고객을 만나러 간 것이다. 그런데 고객의 눈이 다른 곳을 향해 있다면 그 미팅에서 즉시 나오길 바란다.

둘째, 고객의 눈은 마음이 머무는 곳이다.

눈은 원하는 것을 향하게 되어 있다. 고객의 눈은 마음이 향하는 곳에 고정되어 몸이 따라 행하게 된다. 견물생심(見物生心)이란 말이 있듯이 눈은 마음을 움직이는 작용을 한다. 바쁜 고객의 마음을 사로잡기 위해 우리의 눈빛 먼저 점검하자.

셋째, 고객의 입은 거짓말할 수 있지만, 눈은 결코 거짓말할 수 없다.

어느 광고에서 "마음이라는 것은 보이지 않기에 신은 우리에게 눈을 주셨고 그렇게 우리는 상대방의 눈을 통해 그 마음을 읽을 수 있게 되었다."라는 말을 한다.

우리의 입에서 나오는 말은 거짓말도 가능하지만, 눈은 그 마음의 거짓말을 못 한다. 마음이 맑고, 꿈과 분명한 목표가 있는 사람의 눈은 청명하고 맑고 밝은 눈을 가지고 있다. 반대로 눈이 탁하고 흐릿하다면 마음의 좋지 않은 감정과 느낌을 안고 있을 수가 있다.

우리는 배우지도 않았는데 누군가를 처음 만나 대화를 시작할 때 상대의 눈을 보며 말을 한다. 눈빛을 통해 상대의 현재 심리 상태나 자신감의 수준도 확인할 수 있다. 특히 고객과 대화할 때 자신감과 당당함을 가지고 상대방의 눈을 자연스럽게 바라보자. 이 부분도 연습을 통해 얼마든지 극복할 수 있다.

넷째, 미소는 숨길 수 있지만, 눈은 숨길 수 없다.

만약 누군가가 나를 어떻게 생각하는지 궁금하다면 그 사람의 눈을 보면 쉽게 알 수 있다. 사랑하는 사람을 바라보는 눈과 미워하는 사람을 바라보는 눈의 차이를 우리는 쉽게 상상할 수 있을 것이다. 눈은 상대에 대한 나의 진실한 마음과 같다. 숨기려 해도 숨겨지지 않는 것이 바로 눈이다. 나는 고객을 어떤 눈빛으로 바라보는지, 고객은 나에게 어떤 눈빛을 보내는지 매번 확인해야 하는 이유가 된다.

다섯째, 고객의 눈은 생각보다 많은 사실을 말하고 있다.

영업력이 좋은 영업 고수는 고객의 눈만 봐도 현재 고객의 심리 상태와 무엇을 원하는지 단번에 알아차린다. 흔히 감각 있다고 표현한다. 그래서 감각 있는 사람이 영업을 잘한다. 특히 우리가 만나는 고객의 눈은 감정의 상태를 그대로 드러낸다. 눈은 뇌에서 발달한 감각 기관으로 뇌와 정보를 주고받으며 수없이 움직인다.

동공의 크기는 우리가 스스로 변화시킬 수 있는 것이 아니라, 긴장했을 때 나도 모르게 심장이 더 빨리 뛰는 것처럼 저절로 바뀌는 것과 같은 현상이다.

실전 영업 현장에서 진행되는 일련의 미팅 과정에서 우리는 고객이 나에게 집중하고 있는지를 어렵지 않게 알아차릴 수 있다. 만일 고객이 나에게 집중하고 있다는 사실을 인지하게 될 경우, 고객의 눈은 초롱초롱 빛나며 나를 향하고 있을 것이다. 우리는 더 많은 정보와 제안을 제공하기 위해 노력한다. 그리고 어떤 방식으로든 고객으로부터 받은 집중을 다시 되돌려주고 싶다는 생각을 하게 된다. 눈빛만으로 고객이 나에게 집중하고 있음을 알 수 있다.

우리는 나에게 집중하는 사람에게 호감을 느낀다. 특히 현장에서 만나는 고객의 경우에는 이러한 부분이 더욱 크게 작용한다. 현장에서는 서로 바쁜 상황이기 때문에 고객 대부분은 자신의 감정이나 생각을 철저히 드러내며 듣는 둥 마는 둥 하는 경향이 있는데, 이때 우리에게 집중하며 잘 들어주는 고객을 만나면 영업사원들은 그 고객에게 호감을 느끼는 동시에 본인도 될 수 있는 대로 상대방에게 더 집중하려고 하는 태도와 눈빛으로 다가가려고 노력한다.

거절하는 고객의 눈은 입보다 많은 정보를 말한다. 실전 영업 현장에서 고객의 마음을 정확히 알 방법의 하나, 바로 고객의 눈이다.

고수가 알려주는 영업의 핵심　　　　　　　　　　06

거절하는 고객의 눈은 입보다 많은 정보를 말한다. 실전 영업 현장에서 고객의 마음을 정확히 알 방법의 하나, 바로 고객의 눈이다.

고객은
나를 얼마나
신뢰하고
있는가?

영업사원 김 씨가 고객에게 제품을 설명하러 들어간다.

영업사원 권 씨가 고객에게 제품을 설명하러 들어간다.

실전 영업 현장에서 유사한 기능의 제품을 신규로 등록하기 위해 두 영업사원은 고객과의 미팅 약속을 잡았다. 하지만 결과는 완전히 달랐다. 한 사람은 신규 계약을 성공시켰고, 다른 한 사람은 거절을 경험해야 했다. 왜 이렇게 결과가 나왔을까? 어느 영업사원이 설명하느냐에 따라 고객의 반응이 전혀 달라지는 경우를 경험한 적이 있을 것이다.

우리의 고객은 영업사원 김 씨가 미팅 장소로 들어오는 순간 이미 기분이 언짢아진다. 반면 권 씨가 들어오는 순간 옅은 미소가 번진다. 영업사원 권 씨에게 강한 신뢰가 있는 우리의 고객은 권 씨가 하는 이야기는 듣지도 않고 고개를 끄덕이며 사인부터 한다. 반면 김 씨가 제품 설명하는 동안에 인상을 찌푸리며 듣다가, 꼬치꼬치 캐묻기 시작한다.

최근에 사회심리학 도서인 『메신저』를 읽은 적이 있다. 메시지의 내용보다 그 내용을 전달하는 사람에 끌리는 프레임에 관해 확인한 적이 있다. 과연 우리는 누구에게 끌리고 누구의 말을 믿는가? 이러한 현상을 메신저 효과(Messenger Effect)라고 한다. 전달하는 메시지의 내용이 무엇인지보다 메시지를 전달하는 메신저에 대한 신뢰와 호감이 상대방을 설득하는 데 결정적인 영향을 미친다는 것이다.

영업 현장에서도 메시지보다 메신저에 대한 신뢰가 절대적으로 중요하다. 즉, 아무리 성능이 좋은 제품일지라도, 인지도가 높은 제품이더라도 고객이 당신을 신뢰하지 않으면 거절당하기 일쑤다. 반대로 제품력이 조금 떨어지더라도, 인지도가 낮은 제품이더라도 고객이 오랜 기간 당신에게 호감을 가져왔고 깊이 신뢰한다면 구구절절 설명하지 않고도 계약이 성사될 수 있다.

성공적인 영업을 위해서 갖춰야 할 결정적인 요인으로 많은 사람이 전문 지식이나 제품력, 인지도 등을 떠올린다. 하지만 나는 분명히 말할 수 있다. 영업 현장에서 성공적인 영업을 이끈 결정적인 계기가 전문 지식이나 제품력, 인지도와 관련되는 경우는 극히 드물다고. 결국, 제품을 담당하는 사람에 대한 신뢰, 호감, 감정, 느낌 등이 성공적인 계약을 이끄는 데 가장 결정적인 영향을 미치는 요소라는 것을 알 수 있었다.

실제 100여 명의 고객 대상으로 호텔에서 심포지엄을 개최한 적이 있었다. 그때 고객들에게 실제 제품 구매에 결정적인 영향을 미치는 요소가 무엇인지에 대한 설문 조사를 진행한 적이 있다.

① 제품력
② 브랜드 인지도
③ 회사 이미지
④ 가격
⑤ 영업사원

결과는 어땠을까? 100명 중 85명이 ⑤영업사원을 선택했다. 결국, 영업을 성공으로 이끄는 데 가장 결정적인 영향을 미치는 것은 사람에 대한 신뢰와 호감 같은 인간적인 요인이라 할 수 있다.

일반적으로 고객들은 새로운 업체나 영업사원과 거래를 시작하기 부담스러워한다. 지금껏 거래하던 업체나 영업사원에 큰 문제가 없다면 굳이 바꾸려 하지 않는 편이 시간, 비용적인 측면에서 낫다고 생각하기 때문이다. 무엇보다 귀찮은 일이라고 생각하는 것도 현실이다. 바꿔 말하면 아직 신뢰가 형성되어 있지 않은 상대와 계약을 하고 비즈니스를 하는 것 자체가 귀찮고, 번거로운 일이기 때문이다.

또한, 신뢰가 형성되지 않은 영업사원과의 미팅 자체가 많은 에너지가 소모되고 소중한 시간도 빼앗기는 것 같은 생각도 든다. 영업사원이 제시한 내용이 사실인지, 단발성 이벤트가 아니라 장기적인 관점에서 거래가 가능한 곳인지 등을 아직 정확히 알 수 없고, 믿을 수 없기 때문이다.

반면 오랜 시간 동안 신뢰를 쌓아온 영업인과의 미팅은 시간, 비용 경제적인 면에서도 득이 되고, 에너지 소모도 적은 편이다. 서로 잘 알고 있고 신뢰를 중요시한다는 사실에 공감대를 형성하면 영업은 별로 필요하지 않게 된다. 그래서 우리의 고객은 오랜 기간 거래를 지속해온 신뢰할 수 있는 사업 동반자를 선호하고 이러한 영업사원을 확보하기 위해 애쓰는 것이다.

말단 영업사원으로 시작해 골드만삭스의 사장 자리까지 오를 수 있었던 『왜 나는 영업부터 배웠는가』의 저자 도키 다이스케는 '고객의 마음을 사로잡는 일'을 영업의 가장 중요한 가치라 생각한다. 고객의 마음을 사로잡는 일은 연애의 감정과 비슷하다. 그는 영업사원들에게 5단계 신뢰 관계도를 바탕으로 자신이 현재 고객과 몇 단계까지 신뢰를 쌓았는지 숫자로 제시하도록 지도했다.

구체적으로 설명하자면 고객과 처음 만난 상태, 즉 관계의 'ㄱ' 자도 쌓지 못한 상태를 1단계, 반대로 고객과 신뢰를 탄탄하게 구축한 상태를 5단계로 설정하였다. 5단계까지 신뢰가 쌓였다는 건 언제든 고객에게 계약을 맺어 달라고 부탁할 수 있는 관계로 5단계까지 신뢰를 쌓는 일이 영업사원들의 최종 목표가 된다.

5단계 신뢰 관계도

신뢰 단계	대화 분위기	고객의 반응
1단계	차갑다	약속을 잡기 위해 전화를 걸어도 "무슨 일인데요?", "바쁩니다." 라며 쌀쌀맞게 경계한다.
2단계	형식적이다	고객을 만나긴 해도 비즈니스에 관한 이야기를 꺼내면 "고마워요. 검토해보겠습니다."처럼 형식적인 대답만 할 뿐 생산적인 반응이 없다.
3단계	조금 따뜻하다	전화를 걸어서 "시간 좀 내어주세요."라고 부탁하면 용건을 몰라도 만나준다.
4단계	협력적이다	비즈니스를 성사시키려면 어떻게 해야 하는지 조언과 격려를 해준다.
5단계	친밀하다	언제든지 "계약을 맺어주십시오."라고 부탁할 수 있고, 설령 지금은 하지 않아도 "다음엔 반드시 하겠습니다."라고 대답한다.

– 출처 : 도키 다이스케, 『왜 나는 영업부터 배웠는가?』, 김윤수 옮김, 다산 3.0, 2014, 28쪽.

도키 다이스케의 말에 따르면, 자신이 담당하고 있는 고객과의 관계가 1단계에서 5단계 중 어디에 위치하는지 정확히 인지해야 한다고 말한다. 각 단계에 따라 고객에게 접근하는 전략도 달라지기 때문이다. 나 또한 처음 영업을 시작할 때 대부분 고객과의 신뢰 단계는 1, 2단계였다. 3, 4, 5단계로 올리기 위한 일련의 과정을 통해 고객과의 신뢰가 형성되었다고 분명히 말할 수 있다.

독자 여러분도 자신의 고객과 함께 또는 사적 인간관계가 이러한 신뢰 관계도 분포 기준으로 어디에 해당하는지 곰곰이 생각해보기 바란다. 거절하는 고객을 만났다면 신뢰의 도움을 받아 나의 A급 고객으로 만들기 위해 함께 노력하고, 실행하자.

고수가 알려주는 영업의 핵심   07

성공적인 영업을 위해서 갖춰야 할 결정적인 요인으로 많은 사람이 전문 지식이나 제품력, 인지도 등을 떠올린다. 하지만 나는 분명히 말할 수 있다. 영업 현장에서 성공적인 영업을 이끈 결정적인 계기가 전문 지식이나 제품력, 인지도와 관련되는 경우는 극히 드물다고. 결국, 제품을 담당하는 사람에 대한 신뢰, 호감, 감정, 느낌 등이 성공적인 계약을 이끄는 데 가장 결정적인 영향을 미치는 요소라는 것을 알 수 있었다.

까다로울수록 평생 고객 된다

특히 나와 같은 영업 조직의 경우 신뢰가 무엇보다도 중요한 이유는 무형의 자산을 파는 1인 기업가이기 때문이다. 물론 판매하는 제품은 존재한다. 하지만 그 제품도 결국은 사람이 사람을 상대하여 판매되기 때문에 신뢰를 바탕으로 미팅 기회를 잡아야 한다. 고객은 결국 담당자인 영업사원을 보고 물건을 구매하기 때문에 우리가 할 수 있는 모든 것은 '신뢰'를 쌓는 일뿐이다.

고객으로부터 선택받을 수 있도록 '이것'을 쌓아가는 것, 고객으로부터 거절을 당하지 않기 위해 '이것'을 쌓아가는 것. 이것은 바로 '신뢰'다. 나를 선택해준 고객에게 신뢰를 지켜주는 일, 한 번 인연을 맺은 고객이 나를 계속해서 믿고 선택하게 만드는 것, 우리의 가치를 키우는 것 또한 신뢰로부터 비롯된다는 것을 알아야 한다.

영업 현장에서도 메시지보다 메신저에 대한 신뢰가 절대적으로 중요하다. 즉, 아무리 성능이 좋은 제품일지라도, 인지도가 높은 제품이라도 고객이 당신을 신뢰하지 않으면 거절당하기 일쑤다. 반대로 제품력이 조금 떨어지더라도, 인지도가 낮은 제품이라도 고객이 오랜 기간 당신에게 호감을 가져왔고 깊이 신뢰한다면 구구절절 설명하지 않고도 계약이 성사될 수 있다.

성공적인 영업을 위해서 갖춰야 할 결정적인 요인으로 많은 사람이 전문 지식이나 제품력, 인지도 등을 떠올린다. 하지만 나는 분명히 말할 수 있다. 영업 현장에서 성공적인 영업을 이끈 결정적인 계기가 전문 지식이나 제품력, 인지도와 관련되는 경우는 극히 드물다고. 결국, 제품을 담당하는 사람에 대한 신뢰, 호감, 감정, 느낌 등이 성공적인 계약을 이끄는 데 가장 결정적인 영향을 미치는 요소라는 것을 알 수 있었다.

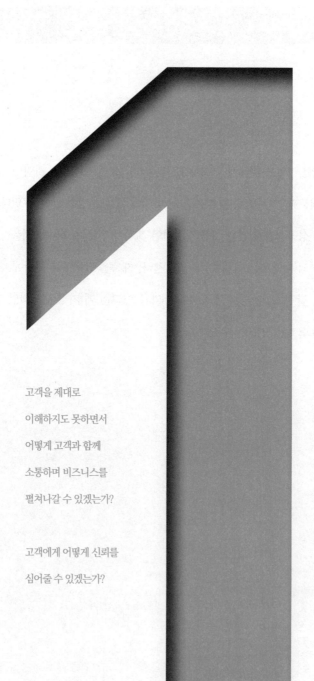

고객을 제대로

이해하지도 못하면서

어떻게 고객과 함께

소통하며 비즈니스를

펼쳐나갈 수 있겠는가?

고객에게 어떻게 신뢰를

심어줄 수 있겠는가?

4장

실전 영업
백전백승
고객 심리 분석법
6가지

01

이 사람은
거절
고객일까?
아닐까?

국민대학교 경영대학원 리더십과 코칭 MBA에서 리더십과 코칭을 제대로 배우기 시작하면서 내 영업에 날개를 달았다고 해도 과언이 아니다. 직원 관리와 고객 관리에 더 힘이 실렸기 때문이다. 힘이 실렸다는 의미는 몸에 힘이 들어갔다는 것이 아니라 상대의 마음을 읽게 되었다는 의미이다.

나는 현장에서 만나는 고객이 결국은 사람이라는 사실과 그에 따라 연관되는 인간 내면의 문제에 특히 주목했다. 영업의 상대인 고객은 사람이고, 그들이 만들어내는 결과는 무궁무진하다. 인지도 높은 회사와 성능이 좋은 제품력과 지식을 갖추었다 해도 미팅 과정에서 고객의 마음을 제대로 읽지 못하면 전문적이고 융통성 있게 대처하기 힘들고, 결국 원하는 결과도 얻어낼 수 없다고 강조한다.

다음 사례는 코칭 습관이 미팅 과정에서의 소통에 얼마나 큰 도움이 될 수 있는지를 보여준다.

고객 지금 시간 없습니다. 다시는 이렇게 불쑥 찾아오지 마세요.
영업사원 네, 알겠습니다.

(며칠 후)
영업사원 안녕하세요. 지난번 고객님께서 불쑥 찾아오지 말라고 하셔서 샘플만 전해드리고 가겠습니다. 고객님 들어오시면 메모지와 샘플 전달 부탁드립니다.
고객비서 네, 알겠습니다.

(며칠 후)
영업사원 고객님, 이렇게 시간 내어주셔서 감사드립니다. 지난번 비서를 통해 전해드린 샘플은 확인해보셨다고 들었습니다. 어떤 점이 좋으셨나요?
고객 직접 써보니 기존에 사용하는 제품과 성능에서 거의 유사한 반응을 확인했습니다. 가격도 더 저렴하니 경쟁력 있어 보입니다.

영업사원 바쁘심에도 불구하고, 이렇게 직접 사용해보고 피드백 주셔서 감사드립니다.

두 사람의 대화를 통해 우리는 영업사원을 거절하는 고객을 볼 수 있다. 여기서 영업사원이 잘한 점 세 가지가 있다.

첫째, 고객이 다시는 이렇게 불쑥 찾아오지 말라고 했는데 며칠 후 다시 찾아갔다. 직접 고객을 대면하지 않고, 비서를 통해 말하고 싶은 내용을 전달한 부분이 잘했다.

둘째, 샘플 전달 후 고객의 시간을 존중하면서 문자를 먼저 보냈다. "고객님, 비서를 통해 샘플 전달 드렸습니다. 확인 후 회신 부탁드립니다."라고 말이다.

셋째, 문자로 미팅 일정을 미리 잡고, 피드백을 구하는 모습이 좋았다.

사실 코칭을 배우기 전에 나는 고객에게 거절을 당하면 불평, 불만을 했던 적도 있었다. "아니, 대체 자기가 잘났으면 얼마나 잘난 거야!", "아니, 왜 거절하고 난리야."라고 말이다. 하지만 코칭을 배운 이후 내 영업은 품격 있는 영업으로 업그레이드되었다. 고객을 존중하고, 사람을 보기 시작했다. "아~ 고객이 그럴 만한 이유가 있겠구나."라고. 질문과 경청을 통한 인정, 공감이 더해지니 영업에 날개가 달린 기분이었다.

고객이 거절하는 데는 정말 다양한 이유가 있을 것이다. 이 고객은 단지 지금 시간이 없었을 뿐이었고, 속마음은 찾아온 영업사원과 미팅을 하고 싶었다. 만약 영업사원이 두 번, 세 번 찾아가지 않았다면 거절만 당했을 뿐, 성과에 대한 부분은 없었을 것이다. 영업에 코칭을 더한다면 거절하는 고객을 만나더라도 정말 싫어서 거절하는 것인지, 아닌지 명확하게 구분될 것이다. 바로 코칭의 힘이다.

위 사례는 현장에서 실제 내가 경험한 대화 일부분이다. 위의 사례에서 볼 수 있듯이, 영업사원은 미팅에 앞서 그 목적을 명확히 해야 하고, 고객의 거절에 좌절하지 않도록 자신을 일깨워야 한다. 그러지 않으면 인지하지 못하는 사이 몸에 힘이 빠지고, 정신이 혼미해지며 소기의 목적을 달성하기 어려워진다. 내가 왜 영업해야 하는지, 결과가 자신에게 무슨 의미인지를 잊지 않도록 주의해야 한다.

우리는 고객의 감정이 거절에 미치는 영향을 주목해야 한다. 만약 영업사원이 미팅 과정에서 이론만을 내세우며 냉정하게 고객을 대한다면, 결국 고객의 반감을 사게 되고 영업은 실패하게 될 것이다. 감정은 거절을 잘하는 고객과의 거리를 좁히고, 분위기를 부드럽게 만드는 일등 공신이다.

고객의 감정을 효율적으로 터치할 줄 아는 영업사원은 고객의 마음을 정확히 파악함으로써 미팅을 자신에게 유리하게 이끌 수 있다. 또한, 거절당하는 횟수도 줄어들 것이다. 디지털 시대로의 진화가 거듭될수록 사람들은 '정'에 약하고 사람을 그리워한다. 우리의 고객도 마찬가지다.

미국의 미래학자 존 나이스비트는 1982년 저서 『메가 트렌드』에서 '하이 터치(High Touch)'라는 화두를 던졌다. 직역하면 고감도란 뜻인데, 첨단기술의 정반대 개념으로 인간적인 감성을 강조한 것이다. 나이스비트는 현대 사회는 고도의 기술, 곧 첨단기술을 추구한 결과 기술에 의존하지 않고서는 살아갈 수 없는 기술 중독 지대로 변해버렸다며 인간성을 중시하는 하이 터치 개념을 도입해 최첨단 기술 문명에 대한 균형 감각을 갖출 것을 제안했다. 즉 고도의 기술이 도입될수록 그 반등으로 더욱 인간적이고 따뜻한 감성이 필요하다는 주장이다.

담당하고 있는 제품의 기술이 얼마나 뛰어난지도 중요하지만, 그보다 고객의 관심을 끌 만한 요소를 찾고, 고객의 감정 중심으로 비즈니스 체계를 다시 생각하는 노력이 필요한 때다. 눈에 보이는 거절을 통해서 "이 고객은 우리 제품에 관심이 없네.", "이 고객과는 비즈니스가 안 되겠네." 라고 섣불리 판단하지 말자.

보이지 않는 고객의 진짜 속마음을 확인하고 진짜 거절의 의미인지, 아니면 지금 당장 시간이 없을 뿐 추후 다시 미팅할 여지가 있는지를 판단해야 한다. 여기서 영업력이 좋은 영업 고수와 그렇지 않은 영업 하수가 차이가 난다. 사람을 제대로 볼 수 있는 눈을 기르기 위한 가장 강력하고 효과적인 방법이 바로 코칭이다.

코칭에 대해 알고 싶고, 배우고 싶다면 더 망설이지 말고, 나에게 언제든지 연락해주기 바란다. 어떻게 하면 코칭을 제대로 배울 수 있는지에 대한 강력하고 효과적인 방법을 알려주겠다. 거절 고객 다루는 법은 생각보다 아주 간단하다. 거절하는 이유를 분명히 알아내면 그 안에 답이 있다. 이 사람은 거절 고객일까? 아닐까? 고민할 시간에 코칭을 배워보길 강력히 추천한다.

고수가 알려주는 영업의 핵심   01

보이지 않는 고객의 진짜 속마음을 확인해야 진짜 거절의 의미인지, 아니면 지금 당장 시간이 없을 뿐 추후 다시 미팅할 여지가 있는지를 판단할 수 있다. 여기서 영업력이 좋은 영업 고수와 그렇지 않은 영업 하수가 차이가 난다. 사람을 제대로 볼 수 있는 눈을 기르기 위한 가장 강력하고 효과적인 방법이 바로 코칭이다.

거절
고객을
대할 때의
기본 요령 3

매년 연말에 빠지지 않고 꼭 챙겨보는 프로그램이 있다. 바로 방송인들의 성적표인 연말 시상식이다. 수상한 방송인들의 수상 소감을 듣기 위해서다. 소감을 들을 때 온몸에 보이지 않는 에너지가 생기는 것 같은 느낌이 들어서 참 좋다. 20년 가까이 최정상을 지키며 지상파 3사 연말 시상식과 백상예술대상 등에서 총 18개의 트로피를 거머쥔 코미디언이 있다.

국민 MC 유재석은 대한민국 국민이 가장 좋아하는 연예인인 동시에 동료들에게 가장 존경받을 만한 연예인으로도 잘 알려져 있다. 20년 이상 한결같은 모습으로 대중들에게 사랑받는 유재석의 인기 요인은 뭘까? 그가 진행하는 프로그램의 높은 시청률의 원인은 뭘까? 분명한 이유가 있다.

한 프로그램에서 높은 시청률 달성에는 MC의 역할이 크다는 사실은 모두 알고 있을 것이다. 유재석이 MC로 맡은 프로그램에 출연하는 출연진들이 입을 모아 유재석을 칭찬하는 부분이 있다. 그는 처지를 바꿔 생각하는 탁월한 진행 능력, 역지사지(易地思之) 능력을 바탕으로 출연진들과 소통하며 공감대를 형성하는 진행의 달인이라는 것이다.

그 때문에 유재석이 진행하는 프로그램에 참여하는 출연진들은 MC의 한마디 한마디에 귀를 기울이며 고개를 끄덕거린다. 프로그램을 시청하는 시청자들의 만족도가 올라가는 건 당연한 결과이다. 예를 들어 한 프로그램에 출연한 연예인이 예전에는 소위 잘나가는 방송인이었는데 한동안 일이 없어 어려웠던 상황을 이야기한다. 유재석은 그들의 인생 상담을 할 때마다 늘 그들의 관점에서 먼저 말을 꺼냈다.

"저라도 그랬을 겁니다. 누구라도 그런 상황이라면 그럴 겁니다."

이 짧은 한마디가 상대방에게 미묘한 감정의 파장을 불러일으켰다. 유재석이 상대의 관점에서 문제를 바라보자 시청자와 출연진은 마음의 벽을 허물고 심리적인 공감대를 형성해나갈 수 있었다. 이렇게 유재석이 MC를 보는 프로그램은 시청률 고공 행진을 이어갔다.

영업사원이 '역지사지' 능력을 발휘할 줄 안다면 혹여 미팅 과정에서 작은 말실수가 나와도 감정의 골이 깊어지지 않는다. 우리가 진심으로 고객의 마음을 이해해주는 것 자체가 고객에게도 자신을 돌아보고 거절을 줄이는 계기가 되어주기 때문이다. 영업 미팅에서도 마찬가지이다.

고객의 관점에서 문제를 바라보는 능력이야말로 거절을 줄이는 강력한 비법이다. 이런 능력을 갖춘 영업사원은 자신감을 가지고 당당하게 나아갈 수 있다. 자신감이야말로 영업사원에게 필요한 심리 요소이다. 자신감이 있어야 앞으로 더 나아갈 수 있고, 거절에 대한 정신력 붕괴를 막을 수 있다.

영업사원의 자신감은 주로 다섯 가지 의미가 있다.

첫째, 자존감을 높이고, 자신의 가치를 중요시하는 사람으로 보인다.
둘째, 타인을 존중하며, 배려에 대해 잘 알고 실천하는 사람이다.
셋째, 다양한 질문으로 상대의 내면을 끌어내는 사람이다.
넷째, 솔직하고 진실한 사람이다.
다섯째, 명확한 의사 표현과 반응을 잘한다.

타인에 대한 공감과 자신감은 거절 고객을 대할 때 기본 요령이다. 고객이 거절하는 데는 분명한 이유가 있어 그들에 대한 공감이 우선이다.

"아, 고객이 거절하는 데는 분명한 이유가 있다. 그 이유를 찾아봐야겠다."

"우선 고객 주변 인물을 먼저 만나봐야겠다."

자신감은 자기 자신에 대한 믿음이다. 자신에 대한 믿음은 긍정에서 출발한다. 긍정적인 말과 행동으로 자신감을 끌어올려보자.

"그래, 고객이 거절하는 것은 내가 아니다. 고객은 나를 거절하는 것이 아니라 아직 내가 고객을 만날 준비가 되지 않은 거다. 준비해서 고객을 다시 만나러 와야겠다."라고 말하는 거다. 고객에 관한 연구와 준비로 무장한 후 다시 오면 된다.

간혹 이런 영업사원을 보는 경우가 있다. 반복해서 거절하는 고객에게 불편한 감정과 적대감을 느끼기 쉽다. 이해는 간다. 하지만 영업력이 좋은 영업 고수는 그런 감정을 극복하고 고객의 관점을 완벽하게 이해하고 공감할 줄 아는 사람이다. 다만 조건 없는 수긍을 의미하지는 않는다.

영업사원은 연신 고개를 끄덕이며 수긍하고, 고객의 관점을 반복해 질문하는 방식으로 그의 관심사, 생각, 느낌, 요구를 알기 위해 노력해야 한다. 영업력이 좋은 영업 고수라면 누구보다 긍정적이고, 적극적인 자세로 고객의 말과 행동에 귀를 기울여야 한다. 일했으면 성과를 내고, 결과를 만들어내기 위한 가능성을 높여야 한다.

하지만 누가 봐도 진상 고객일 경우에는 아까운 시간, 비용을 낭비하지 말라. 과감히 버리고, 새로운 고객을 만나러 떠나는 것도 필요한 용기다. 만약 진상 고객을 만나게 된다면 결단하고 당신이 먼저 고객을 거절하기 바란다. 조금만 주의를 기울여 고개를 돌려보라. 생각보다 많은 고객이 있다는 사실을 잊어버리지 말자.

내가 아는 영업 고수 한 사람의 영업 방식은 다른 영업사원과 달리 특별하다. 그는 고객을 만나 절대 먼저 명함을 주지 않는다. 영업사원이 고객을 만나 명함을 주지 않는다고? 처음에는 의아하게 생각했다. 하지만 그의 영업 방식과 스타일을 확인해보니 다 그럴 만한 이유가 있었다.

생각해보라. 거의 모든 영업사원은 고객을 만나 가장 먼저 하는 일이 명함을 건네는 일이다. 그 순간 고객은 갑, 영업사원은 을로 상황은 만들어진다. 그는 처음부터 상황을 반전시키기 위한 일련의 과정을 설계한다. 미팅을 마치고, 결국 고객은 영업사원의 명함을 받기 위해 뛰쳐나온다.

어떻게 이런 상황이 가능할까? 당신이 영업사원이라면 거절의 순간들은 일상 곳곳에 존재한다. 하지만 다수의 영업사원은 거절이 싫어서 새로운 고객을 만나러 가지도 않고, 근본적으로 거절을 두려워한다. 이런 두려움이 커지다 보면 서로 비슷한 방식으로 사고하는 동료들과 어울려 시간을 낭비하고 만다.

안타까운 일이다. 결국, 스스로 원하는 목표에 점점 더 다가가는 것이 아니라 밀어내고 있다. 이럴 때 필요한 것이 고객과의 상황을 반전시키기 위한 장치를 설계하는 일이다. 이런 설계가 영업을 즐길 수 있고, 모든 고객을 자신의 상황으로 끌어들일 수가 있다. 결국, 고객이 원해서 사게 만드는 전략을 펼치는 것이다.

다음 장에서는 특별한 영업을 설계하는 그만의 영업 비결에 대해 자세하게 설명하겠다. 영업의 상황을 언제라도 뒤집을 수 있다. 고객은 갑, 영업사원은 을이라는 심리에서 벗어나는 것부터 시작해야 한다. 미팅이 진행되면서 예상하지 못한 곳에서 역전의 상황 즉 기회가 찾아온다는 것을 명심해야 한다.

영업 미팅은 결국 내가 원하는 방향으로 끌고 나가는 것이 핵심이다. 그러기 위해 우리는 고객과의 상황을 반전시키는 장치를 설계해야 한다. 지금부터 더 자세히 확인해보자.

고수가 알려주는 영업의 핵심 02

자신감은 자기 자신에 대한 믿음이다. 자신에 대한 믿음은 긍정에서 출발한다. 긍정적인 말과 행동으로 자신감을 끌어올려 보자.

상황을
뒤집는
영업 고수의
5가지 실험

앞에서 영업력이 좋은 영업 고수는 고객은 갑, 영업사원은 을이라는 심리에서 벗어나야 한다고 말했다. 결국, 고객과의 상황을 반전시키는 장치를 설계해야 하는데 이번 장에서는 그의 다섯 가지 실험에 대해 말하고자 한다.

첫째, 고객에게 절대 고개 숙이지 않는다.

그는 어려서부터 다양한 직종의 사람들과 함께 살았다. 남들보다 일찍 시작한 사회생활로 인해 사람을 만나면 대충 어떤 사람일지 짐작할 수 있다. 고객에게 고개 숙이지 않는다는 의미는 뭘까? 이 책을 읽고 있는 당신은 '굽실거린다'라는 단어의 뜻을 잘 알고 있을 것이다.

표준국어사전에 '고개나 허리를 자꾸 가볍게 구부렸다 편다.', '남의 비위를 맞추느라고 자꾸 비굴하게 행동하다.'라고 나온다.

그는 고객에게 절대 굽신거리는 일이 없다. 굽신거리는 순간 '나는 을이요. 당신은 갑입니다.'라고 내가 지고 들어가는 행동이다. 굳이 그럴 필요가 있을까?

처음 영업을 시작할 때 나도 그랬다. 아무것도 모르고, 나보다 먼저 영업을 시작한 선배들을 따라 행동했기 때문이었다. 몸에 잔뜩 힘만 들어갔고, 역시 실적은 나오지 않았다. 지금 생각해보면 웃음만 난다. 이 책을 읽고 있는 당신이 이제 막 영업을 시작한 사람이라면 절대 그러지 말기를 간곡히 부탁한다.

고개 빳빳이 들고, 자신감 있고 당당하게 나아간 순간부터 몸에 힘이 빠지고, 결과가 나오기 시작했다. 영업력이 좋은 영업 고수는 절대로 고객에게 고개 숙이는 일이 없다.

둘째, Emerging Market, '떠오르는 시장이라는 뜻으로, 신흥시장이라고도 한다.' 하지만 내가 말하는 신흥시장의 의미는 신규 영업, 개척 영업을 말한다.

기존의 고객을 관리하는 것은 우리가 말하는 영업이 아니다. 그건 그냥 관리다. 영업 관리. 영업하는 다수가 착각하고 있는 부분이 바로 여기에 있다. 고객을 관리하면서 나는 영업하고 있다고 잘못 생각하고 있다.

영업이라는 본래 의미는 관리할 채널에 가서 신규 영업, 개척 영업을 만들어내는 일련의 과정을 말한다. 영업력이 좋은 영업 고수는 신흥시장 개발에 온 힘을 쏟는다.

영업 고수는 온 힘과 에너지를 쏟을 때 중요한 사항은 거절당하지 않고, 유리한 결과를 얻기 위해서 정확한 정보를 수집하는 것이 필수 조건이라고 생각하는 사람이다.

이 때문에 신흥시장 개발을 소홀히 하지 않는다. 아니 소홀히 할 수가 없다. 내가 현장에서 발로 뛰는 이유이기 때문이다. 즉 생존의 문제다. 그냥 쉬고 싶고, 노는 게 좋으면 일 그만하면 된다. 생각해보면 굉장히 단순하고 간단한 문제이다. 이 간단한 문제를 어렵게 꼬아서 생각하니 이도 저도 아닌 결과만 되풀이되는 악순환의 구조가 생긴다. 이 고리를 끊어야 하는데 참 쉽지 않다. 그래서 우리 곁에는 전문가가 필요한 거다.

셋째, 자신의 손과 발이 되어줄 순회사원을 영입한다.

전국에 많은 채널을 혼자 다니기에는 역부족이다. 자신의 소중한 시간과 에너지를 절약하기 위해서 영업력이 좋은 영업 고수는 자신을 대신할 직원을 둔다. 비서가 될 수도 있고, 아바타가 될 수도 있다.

다수의 거래처를 확보하기 위해 자신을 대신해 시장 조사할 순회사원

영입을 통한 비즈니스를 계획하고, 실행하는 것은 특별한 사람만이 할수 있는 특별한 선택이다. 성공하는 사람들은 평범한 선택을 하지 않는다. 오히려 거부한다. 그래서 특별한 선택을 한 소수만이 성공하는 것이다. 불변의 법칙이다.

넷째, 고객에게 먼저 명함을 건네지 않는다.

조금은 의아하다고 여길 수 있다. 하지만 생각해보라. 누군가를 처음만나 명함을 준다는 것은 '저는 당신에게 잘 보이고 싶습니다. 저를 좀 도와주세요.' 혹은 '당신에게 도움을 구하고 싶습니다. 먼저 인사드리겠습니다.'라는 무언의 사인이라고 보면 된다.

실제 영업 현장에서 고객과 거래처를 개발하기 위해(신규, 개척 영업), 기존에 거래하는 채널을 관리하기 위해(영업 관리), 기존 채널을 더 성장시키기 위해(성과 관리) 영업사원이 비즈니스를 하기 위해 방문한다고 가정하자. 보통 먼저 명함을 건네며 인사를 한다.

대부분 영업사원이 흔히 하는 영업 방식이다. 하지만 이 자체가 '나는 을이요, 당신은 갑입니다.'라고 지고 들어가는 것이다. 내가 아는 영업력이 좋은 영업 고수는 절대 고객에게 먼저 명함을 주지 않는다. 하지만 그는 영업의 제왕으로 불릴 만큼 영업력이 탁월한 사람이다. 적어도 내가 아는 사람 중에는 최고다.

그는 시장 조사 목적으로 채널을 방문한다. 그의 영업 방식을 보면 다음과 같다.

"시장 조사 목적으로 방문 드렸습니다. 잠깐 시간 괜찮으세요?"

"저희 제품을 사용하시면서 불편한 점은 없으신가요?"

"저는 이 제품 본사 직원입니다. 마케팅 목적으로 전국을 다니고 있습니다."

"어떤 부분을 보완하면 대표님께서 더 만족하면서 사용하시겠어요?"

"저희 제품 관련해서 언제든지 궁금한 내용 있으면 연락해주세요."

여기서 일차적으로 진짜 고객과 그렇지 않은 고객을 분류한다. 분류의 기준은 거래처의 규모, 매출액, 거래처의 고객사 등이 아니다. 가장 중요한 기준은 바로 고객의 의지다.

고객이 나와 비즈니스를 함께 할 의지가 있는지 없는지, 있다면 어느 정도인지, 없다면 왜 없는지에 대한 철저한 시장 분석을 통해 2차 미팅을 진행한다.

명함은 그 이후에 전달해도 늦지 않다. 재차 강조하지만 우리는 고객에게 도움을 주러 가는 사람들이다. 구걸하러 가는 거지가 아니다. 눈빛에 힘을 주고, 어깨를 펴라.

지금보다 더 당당하게 나아간다면 조금씩 나아지는 미래를 발견하게 될 것이다.

다섯째, 영업력이 좋은 영업 고수는 겸손의 아이콘이다. 그는 누구보다도 겸손한 사람이다. 그의 겸손은 절대 나를 낮추는 법이 없다. 겸손을 다시 정의하겠다. 겸손은 나를 낮추는 것이 아니라, 상대를 높이는 행위 자체를 말한다. 다시 말해 나를 낮추면서 고객을 높이는 것이 아니다.

말 그대로 고객을 높인다. 고객에게 다양한 질문을 통해 그의 요구를 발견하며(욕구 탐색), 경청하며 그를 존중해주는 태도를 보인다. 그의 말에 공감하며, 인정해준다. 필요에 따라 칭찬과 격려도 아끼지 않는다. 무엇보다 반응이 정말 좋다.

이런 습관을 지닌 영업 고수를 만난다면 고객은 신이 나서 춤을 추게되어 있다. 사람은 누구나 존중받고, 인정받고 싶은 욕구가 있기 때문이다.

영업에서 유리한 결과를 얻기 위해서는 1차 시장 조사를 통해 정확한 정보를 수집하는 것이 필수 조건이다. 영업한다고 무작정 들이대다간 나의 소중한 시간과 에너지가 고갈될 것이다. 때로는 우리가 고객에 대해 아는 것보다 고객이 우리에 대해 파악한 정보가 더 광범위하고 정확하다는 사실에 놀랄 것이다.

모든 답은 현장에 있다는 말이 있다. 구두 굽이 닳도록 다니면 다닐수록 나의 경쟁력은 올라가게 되어 있다. 세상의 이치이며, 영업의 이치다.

영업력이 좋은 영업 고수의 다섯 가지 실험을 이 책을 읽고 있는 당신도 꼭 적용해보길 바란다.

지속해서 수정, 보완하며 당신만의 실험을 만들어 현장에 적용해 성과를 내는 것만이 지금 당신이 해야 할 일이다.

고수가 알려주는 영업의 핵심   03

영업에서 유리한 결과를 얻기 위해서는 1차 시장 조사를 통해 정확한 정보를 수집하는 것이 필수 조건이다. 모든 답은 현장에 있다는 말이 있다.

04

고객의
모든 것을
소통의 열쇠로
삼아라

조 지라드(Joe Girard)는 기네스북이 인정한 현존하는 세계 최고의 판매왕이다. 아래 이야기는 그가 어떤 방식으로 판매왕이 되었는지 알 수 있는 일화이다. 한 중년 부인이 길 반대편에 있는 포드 자동차 영업소에서 나와 지라드가 근무하는 쉐보레 자동차 전시장에 들어왔다. 지라드는 반갑게 그녀를 맞이했다.

"어서 오십시오. 손님."

"미안하지만 전 그냥 저 맞은편에 있는 포드 자동차 직원이 한 시간 후에 다시 오라고 해서 들어왔어요. 전 우리 제부가 타고 다니는 흰색 포드 자동차를 너무 가지고 싶거든요."

"아, 그러세요? 괜찮습니다. 부담 갖지 말고 둘러보세요."

지라드는 미소를 지으며 말했다. 그러자 중년 부인은 흥분하며 그에게 자기 이야기를 늘어놓았다.

"사실 오늘은 제 55번째 생일이에요. 그래서 흰색 포드 자동차를 저에게 주는 생일 선물로 하려고요."

"그렇군요. 부인, 생신을 축하드립니다!"

지라드는 진심으로 중년 부인의 생일을 축하했다. 그리고 곁에 있던 부하 직원을 불러 조용히 귓속말했다. 지라드는 중년 부인과 이러저러한 이야기를 나누며 자연스럽게 새 차 앞으로 걸어갔다. 그리고 흰색 쉐보레 자동차 앞에서 이렇게 말했다.

"부인 흰색 자동차를 좋아한다고 하셨지요? 여기에 있는 2인승 승용차를 한번 타보세요. 부인께서 원하시는 포드 자동차는 아니지만 말입니다."

이때 부하 직원이 다가와 커다란 장미 한 다발을 지라드에게 건네주었다. 그는 아름다운 꽃다발을 부인에게 건네며 다시 한 번 그녀의 생일을 축하했다. 장미 꽃다발을 든 부인은 크게 감동하여 눈가에 눈물이 그렁그렁 맺혔다.

"정말 고마워요. 누군가에게 꽃다발을 받아본 지도 정말 오래됐군요. 사실 방금 포드 자동차 영업소에 갔다가 마음이 조금 상했답니다. 포드 자동차 판매원은 제 낡은 자동차를 보고는 제가 새 차를 살 만한 능력이 없다고 생각하는 것 같았어요. 그래서 그런지 제가 차 좀 보고 싶다고 했을 때 퉁명스럽게 외출할 일이 있다면서 한 시간 후에 다시 오라고 했어요. 한 시간 동안 가 있을 곳이 마땅치 않아서 여기에 들어왔던 건데 이렇게 신경 써주시니 몸 둘 바를 모르겠군요. 그리고 지금 생각해보니 굳이 포드 자동차를 살 필요는 없을 것 같아요."

이렇게 말한 부인은 결국 흰색 쉐보레 자동차를 샀다.

영업에 앞서 고객의 관심사, 현재 상황 등 고객에 관한 정보를 최대한 확보한다면 비교적 순조롭게 소통의 물꼬를 틀 수 있다. 또한, 매 순간 진심으로 고객에게 최선을 다하는 모습에 그가 왜 영업 고수가 되었는지 알 수 있다. 따라서 영업력이 좋은 영업 고수는 고객의 관심사 및 다양한 최신 정보를 소통의 열쇠로 삼아야 한다.

또한, 영업사원도 마찬가지이지만 우리의 고객도 저마다의 스타일이 있다. 어떤 방법이 누군가에게 효과적이었다고 해서 다른 고객에게도 같으리라 기대하면 안 된다. 영업 방식은 그 대상인 고객에 따라 달라져야 한다. 이 때문에 사전에 시장 조사와 함께 고객의 스타일을 철저히 파악하고, 그들의 특징에 따라 다양한 전략을 계획하고 실행할 필요가 있다.

내가 거절 고객 다루는 법에서 가장 중점을 두는 것, 그리고 이 책에서 강조하고 싶은 세 가지는 다음과 같다.

첫째, 영업에서 거절 고객 다루는 법의 가장 중요한 부분은 공감이다. 영업의 이론적 정의는 '영리를 목적으로 사업 업무를 수행하는 것'을 말한다. 이 정의는 영업에 커뮤니케이션, 문제 해결 능력, 리더십, 혹은 코칭과 같은 다양한 '판매 기술(sales skill)'이 필요하다는 의미를 내포한다. 물론 어떤 영업 현장에는 계산적이고 복잡한 논리가 동반된다.

그러나 이성과 논리가 아무리 뛰어나더라도 고객의 감정과 상황을 정확히 파악하지 못하거나 상대의 내면을 제대로 이해하는 능력이 떨어지면, 두 번 다시는 그 고객을 만나지 못할 수 있다. 아무리 다양한 고객이 존재한다고 하더라도 내가 반드시 확보해야 할 거래처 혹은 고객과의 영업 미팅이 틀어진다면 나의 자신감 또한 떨어지게 된다.

거절 고객 다루는 법에서는 머리가 아무리 좋아도 공감 능력이 부족하면 별 효용이 없는 것이다.

둘째, 자신의 가치를 제대로 알아야 한다. 나는 수강생들에게 영업을 잘하기 위해선 자신의 강점과 약점을 정확히 파악해야지만 어떤 고객을 만나더라도 자신감 있는 모습으로 나아갈 수 있다고 재차 강조한다. 자신의 가치에 대한 믿음이 없으면 자신의 내면에 있는 에너지를 끌어올릴 수 없다. 자신의 에너지를 올리지 못하면 늘 고객은 갑, 나는 을이라는 패러다임에 갇혀 최대 능력치를 발휘하지 못한다.

자신의 가치를 이해하는 것은 영업의 본질이면서 시발점이다.

고객의 거절을 통해 우리도 모르는 사이에 에너지가 빠져나가고, 힘이 떨어지는 경험을 하기도 한다. 또 영업은 어렵고, 힘들다고 자책하면서 자신이 왜 영업을 못 하는지 자존감이 떨어지기 시작한다. 영업은 고객의 거절이 당연하고, 고객의 거절로부터 영업은 시작된다. 다시 말하지만, 고객이 거절하는 이유는 나를 거절하는 것이 아니라 그들의 소중한 시간과 에너지를 지키고 싶은 것이다.

자신의 가치를 이해하고, 중요하게 생각하는 사람은 '이까짓 것!' 하며 대수롭지 않게 생각하고, 훌훌 털어 넘겨버린다. 내 강의를 듣는 수강생들이 이 본질을 이해하기 시작하면서 자기 자신을 이해하는 능력이 향상되고 인간관계뿐만 아니라 영업의 능력도 한층 개선되는 경험을 한다. 영업 현장에서 더 큰 성공을 이뤄내기도 하며, 그들의 소중한 시간과 에너지를 내 수업 덕분에 지킬 수 있었다고 고마워한다.

셋째, 거절은 영업의 모든 순간과 연결돼 있다. 특히 시작과 말이다. 원하는 것을 얻기 위한 가장 손쉬운 방법은 그걸 가지고 있는 사람에게 연락하거나 찾아가는 일이다. 운이 좋다면 한 번에 만나 대화할 수 있겠지만 대부분이 그렇지 못할 것이다. 거절당하기 일쑤다. 당연하다. 거절은 영업의 모든 순간 특히 시작과 연결되어 있기 때문이다.

심지어 자기 자신에게도 늘 거절당한다. 정확히 말하면 내가 거절하는 게 맞다. '오늘까지만 먹고, 내일부터는 새벽에 운동해야지.'라고 다짐하지만, 결과는 어떤가? 더 자고 싶고, 귀찮아서, 지금 이 순간 이대로가 편하니까 내가 새벽 운동을 거절하고 있지는 않은가 생각해보라.

이렇듯 매 순간 거절을 하며 살다 보니, 딱 거기까지다. 영업하면 할수록 거절을 당해도 더 편안하게 느끼고 당연하다고 생각하게 된다. 더 나아가 거절이 모든 영업의 전 과정과 연결된 사실을 깨닫게 된다.

현장에서 고객의 거절은 의사결정이고 커뮤니케이션이며 비판적 사고다. 한마디로 거절은 영업 그 자체다. 거절을 더 편안하게 느끼고 자존감이 올라갈수록 그리고 자기 삶의 가치에 대한 믿음이 클수록 더 만족스러운 결과를 얻게 된다.

고수가 알려주는 영업의 핵심　　　　　　　　　　**04**

현장에서 고객의 거절은 의사결정이고 커뮤니케이션이며 비판적 사고다. 한마디로 거절은 영업 그 자체다. 거절을 더 편안하게 느끼고 자존감이 올라갈수록 그리고 자기 삶의 가치에 대한 믿음이 클수록 더 만족스러운 결과를 얻게 된다.

고객의
팬이 되어
그를
파헤쳐라

    나는 경영대학원에서 리더십과 코칭 MBA 석사학위를 취득했지만 다른 학우들처럼 코칭 관련 회사나 박사학위에 진학하는 대신 지금까지 계속해오던 영업 분야를 택했다. 실전 영업 현장에서 고객이나 함께 일하는 동료들을 상대하며 리더십, 코칭을 전문적으로 배우기 전과 후 상대를 대하는 태도나 관점 자체가 180도 달라졌다.

    공부를 지속하면서 여러 가지 대인관계, 처세술, 커뮤니케이션 비결을 익혔고, 특히 조직 행동론에서 중점적으로 배운 다양성 및 포용(Diversity and Inclusion) 이슈와 관련해 논문과 서적을 탐독하기도 했다. 얼핏 생각하기에 다양성 및 포용은 영업과 관련이 없을 것 같지만 전혀 그렇지 않다.

고객들이 태어난 고향, 배경, 환경, 상황 등은 저마다 다르며 이러한 차이와 다양함은 그 자체로 중요한 가치다. 고객들이 지닌 다양성을 발견하고 가치 있게 활용하려면 각자 자신의 고유한 강점을 바탕으로 가치와 자존감을 끌어올리고, 효과적인 영업력을 익혀야 한다. 이후 고객들과 동료들을 대하면서 나는 영업이 훨씬 더 많은 것과 관련된 분야임을 깨달았다. 나는 현장에서 배운 내용을 직접 적용해보는 것이 매우 중요하다고 생각했고, 나의 첫 번째 책인『거절에 대처하는 영업자의 대화법』, 두 번째 책인『영업의 신』, 세 번째 책인『영업 코칭 스킬』에서 배운 이론과 경험을 풀어냈다.

그런 다음 고객들의 반응과 영업 결과를 하나씩 정리하여 나만의 영업 비법 노트를 만들었다. 이런 과정을 통해 고객들에게 통하는 방법은 다른 고객들에게 그대로 전파했고, 통하지 않았던 방식은 수정 보완 후, 현장에 다시 적용했다. 일련의 모든 과정은 나만의 이야기가 되어 나를 더 단단하게 성장시켜주었다. 이런 부분들을 많은 수강생과 함께 나누며 배우고, 가르쳤다.

내가 생각하는 리더십은 '나를 위한 학문'이고, 코칭은 '너를 위한 학문'이다. 'I leadership You coaching'이다. 리더십의 가장 기본이며, 중요한 것은 셀프 리더십이다. 나 자신과의 약속이 그 무엇보다 중요하다는 말이다. 내가 할 수 있다고 믿으면 할 수 있다. 자신의 가치와 자존감은 스스로 만들 수 있다.

자신의 가치를 바르게 인식하는 것은 매우 현실적이고 실제적인 행위이며 영업하는 방식과도 밀접하게 연관돼 있다. 자기 비난, 부정, 의심 등에 휩싸여 있으면 영업을 시작하기도 전에 결과가 정해지는 셈이다. 그러나 자존감을 높이 세우고, 자신의 가치와 신념에 확신이 있으면 그 가치에 의심을 품는 고객들 앞에서 더 당당해질 수 있다.

내가 나에게 어떤 말과 행동을 하는지, 그리고 자신이 어떤 습관을 갖고 있는가는 영업력이 좋은 영업 고수가 될지, 그저 평범한 영업사원에 머물지 결정짓는다. 모든 것은 나로부터 시작된다. 선택은 각자의 몫이다. 다만 결과에 대한 책임만 스스로 짊어지면 된다. 긍정심리학에서는 우리가 자신에게 긍정적인 말을 할수록 더 좋은 결과를 얻을 수 있다고 강조한다.

긍정의 힘에 대한 지혜는 아주 오래전부터 내려오고 있다. 체로키 (Cherokee) 인디언들 사이에 전해오는 이야기에서는 할아버지와 손자가 대화를 나눈다. 할아버지는 자신의 내면에서 늑대 두 마리가 맹렬히 싸우고 있다고 말한다. 한 마리는 착한 늑대로 기쁨·행복·희망 등을 상징한다. 다른 한 마리는 나쁜 늑대로 부정·불만·불평·시기·질투·

의심 등을 상징한다. 할아버지는 모든 사람의 내면에서 두 늑대가 싸운다고 말한다.

손자가 "그럼 어느 늑대가 이기나요?"라고 묻자 할아버지가 대답한다. "네가 먹이를 주는 녀석이 이기지."

자신이 어떤 말과 행동을 하는지는 매우 중요한 문제, 선택, 순간이다. 나의 소중한 시간과 에너지를 어느 방향으로 보낼지 또한 매우 중요하다. 어떤 늑대에게 먹이를 주느냐는 자신의 가치와 자존감에 엄청난 영향을 미친다는 사실을 잊지 말아야 한다.

코칭은 너를 위한 학문이라고 했다. 코칭을 배우면서 나보다 상대를 먼저 바라보게 된 것은 아주 큰 성과라고 생각한다. "상대방 관점에서 생각해보기 전에는 절대 그 사람을 이해할 수 없다."라는 말도 있지 않은가? 관건은 고객 내면의 진짜 욕구를 알아차리지 못하면 나의 시간과 에너지만 낭비되는 결과를 갖게 된다는 것이다.

고객이 진짜 원하는 것, 고객 내면의 욕구를 명확히 인식할 수 있다면, 이제 내가 아닌 고객에게 집중해야 한다. 그들은 어떤 욕구를 가졌는가? 왜 그런 욕구를 가졌는가? 우리는 나름대로 신중하게 이런저런 추측을 해볼 것이다. 그 추측이 맞는지 고객과 미팅을 하기 전에 고객 주변 인물을 만나볼 필요가 있다. 크고 작은 근거를 마주하게 될지도 모를 일이다.

우선 고객의 팬이 됐다는 느낌으로 정보를 취합하라. 고객에 대해 최대한 파악하는 것이 중요하다. 이때 사용하는 기술이 바로 코칭이다. 코칭 스킬을 높이기 위한 7가지 도구는 다음과 같다.

1. 과거에 얽매이지 않고 생각할 수 있는 '질문의 도구'

2. 상대의 마음을 열고, 확인할 수 있는 '경청의 도구'

3. 상대를 이해할 수 있는 여유를 가진 '인정의 도구'

4. 상대를 춤추게 하는 '칭찬의 도구'

5. 함께 일하는 동료를 존중해주는 '공감의 도구'

6. 늘 곁에서 응원해주는 '지지의 도구'

7. 함께 노력하는 파트너로서 동기를 유발하는 '격려의 도구'

위 7가지 도구에 대해 더 자세히 알고 싶으면 나의 세 번째 책『영업 코칭 스킬』을 참고하길 바란다. 고객의 욕구를 파악하기 위해 어떤 특별한 기술을 가져야 하는 건 아니다. 온전히 우리 스스로 통제하고 선택할 수 있는 문제다. 리더십과 코칭의 학문을 배운다면 당신의 영업에 날개를 다는 격이다.

결국, 리더십과 코칭의 학문을 접한다는 것은 나와 상대에 대한 공감을 배운다는 의미이다. 거절 고객 다루는 법의 핵심은 나와 상대에 대한 공감이며, 공감은 피와 살이 되는 영업의 요령이다. 앞에서도 말했지만, 일반적으로 사람들은 논리적이고 이성적인 사람이 영업력이 좋은 영업 고수라는 고정 관념을 갖고 있다.

하지만 공감 능력을 기르고 자신의 강점을 제대로 파악하고 이를 활용한다면 '누구나 영업력이 좋은 영업 고수'가 될 수 있다. 공감 능력을 기르는 가장 효과적인 방법이 바로 코칭이다. 자신의 강점을 제대로 파악하고 이를 활용하기 위해서는 셀프 리더십에 대한 연구가 필요하다.

코로나19로 위기가 닥쳤다고 해서 공감의 중요성이 없어지거나 개인이 자신의 가치에 대해 알아야 할 필요가 없어지는 게 아니다. 오히려 이럴 때일수록 공감 능력은 그 무엇보다도 중요한 최고의 가치라고 말할 수 있다. 진정성으로 고객에 대한 공감을 가지려면 관심과 호기심이 있어야 한다.

우리는 현장에서 만나는 고객에게서 무언가를 배울 수 있다. 고객에 관한 관심과 호기심을 갖는 것만으로도 당신을 바라보는 고객의 눈빛이 달라질 것이다.

고수가 알려주는 영업의 핵심　05

거절 고객 다루는 법의 핵심은 나와 상대에 대한 공감이며, 공감은 피와 살이 되는 영업의 요령이다. 진정성으로 고객에 대한 공감을 가지려면 관심과 호기심이 있어야 한다. 우리는 현장에서 만나는 고객에게서 무언가를 배울 수 있다. 고객에 관한 관심과 호기심을 갖는 것만으로도 당신을 바라보는 고객의 눈빛이 달라질 것이다.

고객이
진짜로
원하는 것은
무엇인가?

고객에 대해 최대한 많은 정보를 얻고 어떤 내면의 욕구가 있는지 파악했다면 이제 거기서 한 걸음 더 나아가야 한다. 단순히 고객의 관심과 호기심으로만 고객을 파악하고 질문을 던지는 것만으로는 안 된다. 진정으로 그 사람의 관점에서 보는 것, 즉 '공감'이 필요하다. 공감은 결국 상대의 심리를 읽는 것이다.

그래야 고객이 진짜로 원하는 것이 무엇인지 알아낼 수가 있다. 또한, 상대의 생각과 욕구를 이해할 수 있고, '상대가 저러는 데는 다 이유가 있구나!'라고 상대를 존중할 수 있다. 공감 능력은 영업력이 좋은 영업 고수에게 '있으면 좋은 일부 장점'이 아니라 반드시 갖춰야 할 리더의 자질이다.

공감은 상대방을 더 잘 이해할 수 있는 길을 열어줄 뿐만 아니라 나를 상대에게 더 잘 표현하는 전략적인 방법이다. 고객을 제대로 이해하지도 못하면서 어떻게 고객과 함께 소통하며 비즈니스를 펼쳐나갈 수 있을까? 고객에게 어떻게 신뢰를 심어줄 수 있겠는가? 공감은 상대에 대한 배려고, 서로의 차이를 줄여주는 매개체 역할을 톡톡히 한다.

나는 세 아들의 아빠이다. 현재 초등학교 4학년, 2학년, 6세이다. 학교와 학원을 마치고 집에 오면 엄마와 아빠가 퇴근하기 전까지 쉬면서 게임을 즐긴다. 가끔은 퇴근 후 문을 열고, 들어오는 것도 인지하지 못한 채 아이들은 게임에 몰두하고 있는 경우도 있다. 그 모습을 본 엄마는 순간 화를 내며 게임 그만하라고 다그친다.

흔하게 일상생활 속에서 일어날 수 있는 일이다. 엄마는 게임에 몰두하는 아이들을 이해하려고 노력하는 대신에 소리를 지르며 화를 내는 것에만 에너지를 쏟는다. 나도 엄마와 다를 바 없지만, 아이들의 관점으로 조금만 이해하려고 노력했더라면 어땠을까? '아이들이 아침부터 오후까지 마스크를 쓰고, 학교와 학원에 다녀온 후 좋아하는 게임을 하는 것인데.'라고 이해하려고 노력했어야 했다.

운동장에서 마음껏 뛰어놀고 싶고, 친한 친구들과 함께 수다를 떨며 시간을 보낼 수 없으므로 게임에서 만나기로 한 것인지도 모른다. 엄마는 아이들의 욕구를 제대로 이해하지 못했다. 공감하려고 노력하지 못했다. 아이들은 화를 내고 흥분하는 엄마의 잔소리에 지쳤을 것이다.

　이런 갈등이 비단 우리 가족만의 문제는 아닐 것이다. 어른의 잣대로 들이밀며 마음에 들지 않는 자녀의 말과 행동을 묻지도 따지지도 않은 채 하지 말라고만 말한다. 표정은 인상을 쓰면서 말이다. 하지만 이런 방법은 효과가 없다는 것을 이미 잘 알고 있다. 그런데도 같은 방법으로 훈육을 되풀이하는 어른은 도대체 무슨 생각일까?

　여기에는 진심 어린 공감이 빠져 있다. 아이들의 내면 욕구를 이해하려고 노력하는 진정성이 빠져 있으므로 아이들의 눈에 비치는 부모의 모습은 소리 지르는 사람, 판단하는 사람, 혼내는 사람으로 보일 뿐이다. 아이들과의 소통은커녕 불통으로 달려가는 지름길일 뿐이다.

　아이들을 키우며 아내와 나는 자녀들을 통해 참으로 많이 배우며 성장하고 있다는 것을 느낀다. 큰아이가 공부도 하기 싫다고, 뾰로통한 표정을 지으며 멍하니 있어서 "정신 똑바로 차리고, 공부하라."라며 잔소리를 하는 과거의 나를 반성한 적이 있다. 이제 와 생각해보면 부족한 나를 돌아보게 된다.

　무조건 화를 내기 전에 잠시 멈춰서 큰아이가 현재 어떤 상황에 있는지, 학교와 학원에서 무슨 일이 있었는지, 아이의 속마음이 뭔지 살펴볼 필요가 있다는 사실을 파악한 건 얼마 되지 않았다. 아이를 바라봐야 하는데 단지 어른의 기준에 미치지 못하는 아이의 모습에 화를 낸다는 건 아이가 아니라 나에게 집중한다는 의미이다. 시간이 흘러 큰아이에게 미안한 마음이 들었다. 당시 나는 큰아이 관점에서 생각해봐야 한다는 점을 알지 못했다. 나중에야 큰아이 마음을 이해할 수 있었다. 아들의 속마음을 이해하려고 노력했기에 가능했다.

　제20대 대통령이 선출되었다. 이번에 진행한 대선 토론 방송을 모두 챙겨보았다. 정치에 관한 관심도 있고, 후보들의 공약도 살펴보기 위해서이다. 또한, 국민에게 어떤 식으로 소통하고, 발표하는지 궁금하고 토론하는 형식에 상당한 관심이 있기 때문이다. 보통 정치인들이 국민의 마음을 얻기 위해 활용하는 방법은 현재 국민의 불만, 불평에 대해 집중하는 것이다.

　선거 유세를 할 때도 바로 그 부분을 집중적으로 공략하여 유권자들의 표를 얻기 위해 노력한다. 2022년 5월, 현재 유권자의 불만은 부동산, 경제 등 매우 다양하다. 정치인들은 공통으로 자신이 그 부분을 바로잡기 위한 적임자라고 강하게 말한다. 평소에 국민의 속마음을 알아보기 위해 노력하는 이유다. 정확한 내면의 심리를 파악하여 그 부분을 전략적으로 집중적으로 공략하기 위해서이다.

　결국, 유권자들의 마음을 사로잡고 유지하는 데 가장 중요한 것은 정치인들이 국민의 마음을 제대로 읽고 있는지를 판단하는 능력이다. 그런 역량이 없다면 앞이 보이지 않는 상황이나 다름없다. 국민의 표를 얻을

지 말지를 결정하기 전에 그들을 속속들이 파악하고 있어야 한다.

상대를 파악하는 최고의 전술은 오직 구체적이고 실질적인 정보를 수집하는 방법뿐이다. 시간이 오래 걸리더라도 상대방을 연구하고 분석하기를 게을리해서는 안 된다. 한 나라의 대통령도 국민의 마음을 얻기 위해 연구하고 분석한다. 한 가정의 가장도 아이들의 마음을 얻기 위해 공부해야 한다.

영업하는 우리는 어떤가? 고객들의 심리를 읽기 위해 얼마나 연구하고 분석하고 있는가? 얼마나 많은 시간 공부하고 있는가? 대충 시간 보내며 의미 없는 하루를 보내고 있지는 않은지 점검해볼 필요가 있다. 그냥저 냥 먹고살 만하니까 변화하려고 하지도 않고, 비슷한 생각을 하는 사람 끼리 어울려 서로 위로하며 살고 있지는 않은가?

어떤 회사에도 영업력이 좋은 영업 고수와 그렇지 못한 영업사원은 존재한다. 그리고 어떤 조직이라도 성과가 높은 사람과 그렇지 못한 다수의 구성원이 존재한다.

그 상대적 비율은 대부분 성과가 높은 사람이 소수이다. 그래서 성공하는 사람들은 소수인지도 모른다. 소수의 성공하는 사람들의 공통점이 바로 상대의 심리를 제대로 읽고, 비즈니스에 적극적으로 활용한다는 사실이다.

이 책을 읽고 있는 당신은 목표와 목적의 차이에 대해 바르게 알고 있는가? 국어사전을 통해 알아보겠다.

목표

1. 어떤 목적을 이루려고 지향하는 실제적 대상

2. 도달해야 할 곳을 목적으로 삼아 도달해야 할 곳

3. 행동을 취하여 이루려는 최후의 대상

목적

1. 실현하려고 하는 일이나 나아가는 방향

2. 실현하고자 하는 목표의 관념

3. 실천 의지에 따라 선택하여 세운 행위의 목표

영업 현장에서 일하고 있는 영업사원들의 목표는 제각각일 것이다. 하지만 우리가 나아가야 할 목적은 하나다. 그건 바로 고객의 심리를 읽는 것이어야 한다.

고수가 알려주는 영업의 핵심   06

소수의 성공하는 사람들의 공통점이 바로 상대의 심리를 제대로 읽고, 비즈니스에 적극적으로 활용한다는 사실이다.

백전백승 심리 분석법

우리는 고객의 감정이 거절에 미치는 영향을 주목해야 한다. 만약 영업사원이 미팅 과정에서 이론만을 내세우며 냉정하게 고객을 대한다면, 결국 고객의 반감을 사게 되고 영업은 실패하게 될 것이다. 감정은 거절을 잘하는 고객과의 거리를 좁히고, 분위기를 부드럽게 만드는 일등 공신이다.

고객의 감정을 효율적으로 터치할 줄 아는 영업사원은 고객의 마음을 정확히 파악함으로써 미팅을 자신에게 유리하게 이끌 수 있다. 또한, 거절당하는 횟수도 줄어들 것이다. 디지털 시대로의 진화가 거듭될수록 사람들은 '정'에 약하고 사람을 그리워한다. 우리의 고객도 마찬가지다.

고객의 관점에서 문제를 바라보는 능력이야말로 거절을 줄이는 강력한 비법이다. 이런 능력을 갖춘 영업사원은 자신감을 가지고 당당하게 나아갈 수 있다. 자신감이야말로 영업사원에게 필요한 심리 요소이다. 자신감이 있어야 앞으로 더 나아갈 수 있고, 거절에 대한 정신력 붕괴를 막을 수 있다.

고객이 진짜 원하는 것, 고객 내면의 욕구를 명확히 인식할 수 있다면, 이제 내가 아닌 고객에게 집중해야 한다. 그들은 어떤 욕구를 가졌는가? 왜 그런 욕구를 가졌는가? 우리는 나름대로 신중하게 이런저런 추측을 해볼 것이다. 그 추측이 맞는지 고객과 미팅을 하기 전에 고객 주변 인물을 만나볼 필요가 있다. 크고 작은 근거를 마주하게 될지도 모를 일이다.

우선 고객의 팬이 됐다는 느낌으로 정보를 취합하라. 고객에 대해 최대한 파악하는 것이 중요하다.

공감은 상대방을 더 잘 이해할 수 있는 길을 열어줄 뿐만 아니라 나를 상대에게 더 잘 표현하는 전략적인 방법이다. 고객을 제대로 이해하지도 못하면서 어떻게 고객과 함께 소통하며 비즈니스를 펼쳐나갈 수 있을까? 고객에게 어떻게 신뢰를 심어줄 수 있겠는가? 공감은 상대에 대한 배려고, 서로의 차이를 줄여주는 매개체의 역할을 톡톡히 한다.

성공한 사람들의 공통점은

이미 성공한 사람들을 보며

자신만의 색깔로

꾸준하게 노력하였고

상황에 따라

자신만의 길을

개척했다는 것이다.

5장

현장의
주도권을 쥐는
고수의
7가지 법칙

01

고객에게
이익을
주기 위해
움직여라

　예상보다 빨리 찾아온 뉴노멀 추세에 적응하느라 사회 전체가 분주하다. 거의 모든 분야에서 재택근무가 일반화되고, 비대면 소통이 일상이 되었다. 한때 정보기술(IT) 업계 화두였던 '디지털 전환'은 보다 폭넓은 산업 분야에서 핵심 비전으로 자리 잡았다. 내가 소속되어 있는 영업 조직에서도 말이다.

　팬데믹 이후 고객 행동 패턴이 다양화되면서 기업에도 이전과 다른 차원의 유연성이 요구되고 있다. 나날이 진화하는 고객 요구를 충족하고 비즈니스를 안정적으로 이끌기 위해서는 단순히 지금처럼 제품을 사고파는 수준에만 머물러선 안 된다는 위기의식이 산업 전반에 퍼지고 있다.

이상적인 영업 전략을 펼치기 위해서는 Emerging Market(신규 시장)을 잘 개척할 수 있는 파트너와의 협업이 무엇보다 중요하다. 시장과 고객을 제대로 이해하고 파트너와 상생하는 전략이 매우 중요해진 시점이다. 내가 근무하고 있는 회사도 파트너와의 협업을 통해 비즈니스 성장을 이끌어나가고 있다.

우리 회사는 파트너가 필요하면 교육 · 판매 · 마케팅 지원을 제공하고, 분기별 계획 수립 · 평가를 통해 원하는 부분을 체계적으로 지원하고 있다. 실제로 이는 매출로 이어져 매년 두 자릿수 성장을 이끄는 원동력이 되고 있다. 유럽과 아시아 여러 나라에 성공 사례로 공유되기도 한다. 무엇이든 함께하기 힘들어진 요즘, 오히려 함께해야 빛을 발하는 분야가 바로 내가 속한 영업이라고 생각한다.

나는 기업 현장에서 15년을 영업과 관련된 일을 하고 있다. 고객을 찾아 강원도, 제주도까지 비행기를 타고 날아다니는 중이다. 고객과 함께 비즈니스의 빛을 내기 위해서이기도 한다. 하지만 아날로그보다 디지털 세상이 되어버린 지금 대면이 아닌 비대면 거래가 많아진 건 부정할 수 없는 사실이다.

하지만 영업 현장에서 고객 발굴, B2B 영업, MRO, 관공서와 기관 대상 영업 등은 비대면으로 하기에는 분명히 한계가 존재한다. 그래서 시장을 개척하고, 새로운 고객을 만나기 위해서는 발품을 팔아야 한다. 현장에 답이 있듯이 고객을 만나 새로운 정보와 지식을 얻기도 하고, 현재 돌아가는 상황에 대해서도 파악할 수 있기 때문이다.

아무리 브랜드가 서 있는 기업의 제품일지라도 혹은 제품력이 우수한 기업의 제품일지라도 고객이 사지 않으면 무용지물이다. 팔아야 하고, 고객이 스스로 찾아 사게끔 만들어야 한다. 그래야 기업이 먹고산다. 그래서 비즈니스의 꽃은 영업이고, 영업은 비즈니스의 시작과 끝이라는 말이 있다.

기업경영의 핵심 활동인 영업을 하고 있다는 자체만으로도 우리는 자부심을 가질 만하다. 이런 자부심과 자신감을 느끼고 고객과 맞서는 법을 배워야만 한다. 〈포춘〉지 선정 500대 기업의 최고경영자 가운데 상당수가 판매직 출신이라는 기사를 본 적이 있다. 오늘날 미국에서 가장 성공한 여성 사업가인 칼리 피오리나(Carly Fiorena), 전 휴렛팩커드 CEO는 스탠퍼드대학에서 중세사를 전공했고, AT&T의 판매직으로 입사한 후 지금의 성공을 일궈냈다. 제록스의 팻 멀케이(Pat Mulcahy) 회장 역시 판매직에서 일가를 이뤘다. 이처럼 세계 최고의 기업들은 대부분 세일즈맨 출신이 이끌고 있다.

이 얼마나 기쁜 일인가? 현재 기업영업 부서에서 근무하고 있는 영업인이라면 얼마나 감사한 일인가? 내가 우리 회사를 최고로 만들 수 있는 매우 중요한 인물이다. 절대 잊지 말고 기억하길 바란다.

고객과 맞서는 법에서도 자신만의 철학이 있어야 한다. 사실 현장을 돌아다니면서 처음 가보는 낯선 환경에서 문을 열고, 새로운 사람을 만나는 일은 아무나 할 수 있는 일은 분명 아니다. 어려운 일임은 틀림없다. 그런데도 이러한 어려운 일들을 잘 수행하는 사람들이 있다. 심지어 즐기면서 말이다.

나도 그런 부류의 사람 중 한 명이다. 나는 온종일 사무실에서 비좁은 책걸상에 앉아 있지를 못하는 성격이다. 좀이 쑤셔 뛰쳐나가고 말 것이다. 그래서 나는 낯선 환경을 주구장창 돌아다니면서 새로운 사람을 만나 시장 조사를 하고, 비즈니스를 만들어가는 일련의 영업 과정 자체가 너무 가슴 뛰는 일이며 내게 설렘을 선물한다.

내가 소속되어 있는 회사를 높이 세우며 담당하고 있는 제품에 대한 시장 조사 및 정보 전달 목적으로 고객을 만나는 행위 자체를 바라보는 두 명의 영업사원이 있다. 다음 사례를 통해 설명하겠다.

영업 하수 "오늘은 누구를 만나서 무슨 얘기를 해야 하지?", "아~ 진짜 일하기 싫다.", "아, 힘들다."

영업력이 좋은 영업 고수 (자신감에 찬 표정으로) "내가 만나는 고객에게 정확한 정보 전달과 함께 어떻게 하면 그 고객에게 도움이 될지 고민해봐야겠다."

영업력이 좋은 영업 고수는 고객에게 이익을 주기 위해 움직이는 사람이다. 도와달라고 구걸하는 사람이 아니라 상담사로서 다가간다. 고객의 반응이 시큰둥하거나 거절을 당한다고 해서 기죽지 않는다. 오히려 "더 잘 준비해서 다시 와야겠다." 혹은 "다른 고객들도 많으니 괜찮아. 새로운 고객 찾아보지 뭐."라며 대수롭지 않게 여긴다.

모든 과정이 스토리며 경험이자 자산이 된다고 믿는다. 누군가는 돈을 내고 배우는 영업을 현장에서 배우며 회사에서 월급을 받는다. 이거야말로 로또 아닌가?

긍정의 믿음으로 열정을 가지고 주도적으로 배우며 나아가는 사람이야말로 영업력이 좋은 영업 고수의 고객과 맞서는 방법이다.

나도 처음 영업을 시작할 때는 고객이 만나주지도 않고, 문전박대를 수없이 당했던 경험이 있다.

당시에는 나 자신이 너무 초라해 보이기도 하고, 부끄럽기도 했다. 당황스러웠던 적이 한두 번이 아니었다. 하지만 지금은 그때의 경험들이 정말 값지고, 감사하기까지 하다. 그 당시의 거절당했던 경험이 없었더라면 지금의 나는 없을 것이다.

그 경험을 통해 얻은 깨달음이 있었다. 내가 준비가 덜 되었거나 나와 인연이 없는 고객을 만났다거나 혹은 그 당시 고객의 상황이 맞지 않았다거나 등등 다양한 이슈 거리가 있었을 것이다.

영업력이 좋은 영업 고수의 실전 영업력으로 성공하는 7가지 법칙 중 첫 번째 법칙은 바로 고객과 맞서는 법이다. 수없이 많은 거절의 경험을 통해 자신만의 철학을 가지고 당당히 나아가자. 그 경험 속에서 깨우치고, 배우는 모든 순간이 훗날 나만의 영업 비법으로 새롭게 탄생할 것이다.

고수가 알려주는 영업의 핵심 01

수없이 많은 거절의 경험을 통해 자신만의 철학을 가지고 당당히 나아가자. 그 경험 속에서 깨우치고, 배우는 모든 순간이 훗날 나만의 영업 비법으로 새롭게 탄생할 것이다.

겁먹지
말고
주도권을
잡아라

"주도권을 장악하라."라는 말이 있다. 사전적 의미로 주도권이란 주동적인 위치에서 이끌어나갈 수 있는 권리나 권력을 말한다. 군사 용어의 주도권이란 작전의 성공을 위해 아군에 유리한 상황을 조성해나감으로써 아군이 원하는 방향으로 전투를 이끌어가는 능력을 말한다.

실전 영업 현장에서의 주도권이란 "고객과의 주도권 경쟁에서 우위를 점하게 되면 목표 달성을 위해 나에게 유리한 상황을 만들어나감으로써 내가 원하는 방향으로 고객을 끌고 가는 능력"을 말한다. 주도권을 잡기 위해서 가장 중요한 것은 고객의 마음을 열고, 관계를 맺는 것이다.

결국, 내가 누군가에게 영향력을 행사하기 위해서는 그 사람과의 관계가 우선이 되어야 한다. 비즈니스는 그다음이다. 고객과의 관계에서 매 순간 진정성을 담아 긍정과 열정으로 고객을 대해야 한다. 나를 위해서가 아니라 고객의 이익을 위해 일한다고 고객이 느끼는 순간 당신으로부터 고객은 마음의 문을 열 것이다.

고객의 마음 문을 여는 열쇠는 많으면 많을수록 도움이 된다. 누군가는 한두 개의 열쇠로 고객을 대할 것이고, 다른 누군가는 수십 개의 열쇠로 고객을 상대할 것이다.

고객은 시시각각 변한다는 사실을 명심해야 한다. 변화가 아니라 변한다. 고객은 늘 그 자리에 있는 것같이 보이나 고객은 상황에 따라 수시로 변하는 사람이라는 것을 알아야 한다.

이러한 변화무쌍한 고객을 상대하는 우리가 준비해야 할 열쇠는 바로 사람을 상대할 수 있는 능력이다. 그래서 영업은 무식한 신입사원보다는 노련한 경험을 가진 선배들이 잘한다. 아주 가끔은 무식한 신입사원들이 패기와 열정만으로 좋은 성과를 달성할 수도 있지만, 매우 드문 경우이다.

겁먹지 말고 고객과의 미팅에서 주도권을 잡는 나만의 비결을 공유하고자 한다. 말하지 않아도 알아서 잘하겠지만 참고만 하길 바란다. 상황과 환경이 모두 다르므로 일반적이지 않을 수 있다는 점을 기억하면서 방법을 알아보자.

첫째, 나는 누구보다도 긍정적인 사람이다. 대학 시절부터 영업, 마케팅, 자기계발 서적뿐만 아니라 성공과 관련된 수백 권의 책을 읽으면서 부자들과 성공한 사람들의 공통점에 대해 발견할 수 있었다. 이들이 보여주는 공통점 가운데 하나는 그들의 성공 요인이 외부 환경이 아니라, 그들이 자신의 내면에 집중했다는 점이다.

영업력이 좋은 영업 고수들 또한 자신의 내면에 집중하는 사람들이다. 내면에 집중한다는 의미는 무엇일까? 바로 마음가짐, 태도를 말한다. 오래전 하버드대학은 1만 6천 명의 판매원을 대상으로 설문 조사하여 판매업계에서 성공과 실패를 결정짓는 기본 자질은 모두 '심리적인 것'이라는 결과를 내놓았다고 한다.

'할 수 있다', '하면 된다', '해보자'라고 긍정의 언어를 최대한 활용하여 자신을 믿는 마음에서 모든 일은 출발한다. 매일 아침 출근하기 전에 거울을 보며 외치며 하루를 힘차고 당당하게 시작하는 사람과 그렇지 않은 사람의 차이는 무궁무진한 차이가 난다. 대다수의 영업하는 사람들은 '무슨 차이가 있겠어?'라며 무시해버린다.

하지만 누구나 할 수 있는 일을 아무나 할 수 없는 것처럼 실제 삶에 적용하는 방법을 배운다면, 아무나 할 수 없는 일을 누구나 할 수 있게 되는 마법 같은 기적이 일어날 것이다. 제발 적용해보고 말하길 바란다.

둘째, 나는 누군가를 부러워하고 따라 하며 내 삶에 적용하기 위해 노력하는 사람이다. 내가 생각하는 가장 미련한 영업사원이 자기만의 아집에 사로잡혀 있는 사람이다. 고집은 있어야 한다.

하지만 아집은 버려야 한다. 아집이란 생각의 범위가 좁아서 전체를 보지 못하고, 자기중심의 한 가지 입장에서만 사물을 보고 문제를 해결하려는 사고방식을 말한다. 즉, 자기를 세상의 중심으로 삼는, 자기에게 집착하고 자기를 내세우는 모든 생각과 마음이 아집이다. 아집은 과거의 성장 배경과 생활환경에 따라 길들고 습관화된 마음의 틀이므로 한 번 아집에 빠지면 그것을 깨닫기 전까지 계속 굳어져가는 경향이 있다. 아집에 사로잡히면 사고가 객관적이지 못하고, 공정하지 못하며, 폐쇄적으로 된다.

고집은 자기 의견을 끝까지 주장하며 우기는 것을 말한다. 영업하는 사람에게 고집은 반드시 있어야 한다고 본다. 내가 왜 고집과 아집에 관해 이야기하고 있을까? 내가 만약 영업 실적 상위 10%에 진입하는 것이 목표라면, 가장 먼저 할 일은 이미 거기에 속한 선배를 찾아가는 것이다.

그 분야에서 나와 같은 생각을 하고, 같은 수준에 머물러 있는 사람이 아니라, 나보다 더 나은 생각을 하며 행동하는 고수를 부러워하고 따라 하며 내 삶에 적용하기 위해서이다.

영업 고수와 나를 비교해보라. 이때 반드시 자신의 아집은 버려야 한다. 아집이 있는 사람은 더는 앞으로 나아갈 수 없을 뿐만 아니라 후퇴하게 된다.

영국의 철학자 버트란드 러셀은 "어떤 일을 해낼 수 있는 분명한 증거는 이미 다른 누군가 그 일을 해냈다는 것"이라고 말했다. 누군가 나보다 10배의 소득을 올리고 있다는 사실은, 나도 그 방법을 배우기만 하면 똑같은 수준의 돈을 벌 수 있다는 증거다. 금수저가 아닌 이상 누구나 밑바닥에서부터 출발해 일과 삶의 균형을 이루며 살아간다.

15년 전 입사한 첫 번째 회사에서 나는 새벽 7시까지 출근해 사무실을 청소하고 겨울에는 난로에 기름을 넣었다. 각종 허드렛일을 도맡아 하며 제품에 관해 공부하고 영업 현장에서 고객을 만났다. 당시 받은 연봉은 3,000만 원 정도였다.

하지만 지금은 3~4배 이상의 소득을 올리며 시간적인 여유는 더 생겼다. 지금도 나는 정기적으로 서점에 들러 새로운 분야의 책과 영업과 마케팅 관련된 모든 서적을 사서 읽으며 배우는 중이다. 배워 내 삶에 적용해야만 살 수 있다.

셋째, 나는 항상 현실적인 목표를 설정하고 행동하는 사람이다. 내가 생각하는 가장 안타까운 영업사원은 아무런 목표 없이 하루 24시간을 허투루 보내며 시간을 낭비하는 사람이다. 그 영업사원의 10년 후는 보지 않았는데 왠지 보이는 것 같은 느낌이 든다. 영업 목표 달성과 함께 소득 수준을 높이려면 구체적으로 얼마를 벌고 싶은지 현실적인 목표 설정을 해야만 한다. 동시에 이미 내가 원하는 만큼의 돈을 벌었다고 느끼고, 상상해보면 기분이 정말 좋아지는 경험을 하게 될 것이다.

이미 원하는 목표 달성을 한 것처럼 확신의 힘으로 나아가 더 여유로운 태도를 유지하면 긴장이 풀어지면서 현장에서 고객을 상대할 때도 훨씬 편안하게 대할 수 있다.

'인생은 한 방이다.'라는 허황된 꿈은 버리고, 일주일간 계획과 함께 일일계획을 구체적이고 현실적으로 세우는 것이야말로 원하는 목표를 달성하는 지름길이라고 생각하자.

내가 처음 영업을 시작할 때 회사에 200여 명의 영업사원이 있었다. 신입사원인 내가 담당한 지역의 실적은 전국 187등. 거의 꼴등 지역이었다. 내 목표는 6개월 안에 10위권 내로 진입하는 것이었다. 그러기 위해 어떻게 하면 목표를 달성할 수 있는지 밤새워 고민하며 현장에 적용해나갔다.

결국, 나는 입사 3~4개월 만에 전국 8등이라는 성적을 받았으며 전국의 영업사원 대상으로 성공 사례 발표를 하게 되었다. 위 세 가지는 지금도 내가 활용하고 있는 방법이다.

이러한 일련의 과정이 몸에 익혀지고, 쌓이게 되면 나도 모르게 좋은 에너지가 흘러 현장에서 만나는 고객에게 그대로 전해지게 된다. 고객으로부터 주도권을 잡는 것은 시간문제이다.

고수의 실전 영업력으로 성공하는 7가지 법칙 중 두 번째 법칙은 바로 겁먹지 말고 주도권을 잡는 것이다. 당신도 당장 시작해보길 바란다.

고수가 알려주는 영업의 핵심   02

결국, 내가 누군가에게 영향력을 행사하기 위해서는 그 사람과의 관계가 우선이 되어야 한다. 비즈니스는 그다음이다. 고객과의 관계에서 매 순간 진정성을 담아 긍정과 열정으로 고객을 대해야 한다. 나를 위해서가 아니라 고객의 이익을 위해 일한다고 고객이 느끼는 순간 당신으로부터 고객은 마음의 문을 열 것이다.

03

나에게
유리하게
상황을
바꿔라

총 세 번에 걸쳐 회사를 옮기면서 나는 줄곧 영업 업무를 담당했다. 동시에 마케팅과 교육 업무도 담당했지만 뿌리는 영업이었다. 영업 전공에 대한 학문이 따로 없어서 회사 선배들을 보고 배우는 동시에 서점에 나와 있는 영업 관련 책들을 보며 업무에 적용했다.

현장에 적용하여 성공과 실패를 반복하면서 배우니 빠르게 실력이 늘었고 이직 후 두 번째 회사에서도 성과를 창출하며 전국 영업 1등의 타이틀을 따냈다. 리더십, 코칭 관련 자격을 취득하였고 영업 전문가로 사내에서 인증을 받았다. 상대의 마음을 얻는 기술을 배우고, 사람을 상대하는 처세술에도 능통하게 되었다.

지금은 스위스에 본사를 둔 외국계 IT 기업에서 전국 방방곡곡을 누비며 정부 기관, 관공서, 기업, 학교 등을 찾아다니며 다양한 지역의 많은 대표님과 담당자를 만나고 있다. 현재 흘러가는 시장 상황과 함께 새롭게 얻은 정보를 기록하고 업무에 적용해 내 것으로 만들려고 노력했다.

대표님들과 담당자를 찾아다니며 다양한 현장 경험을 한 덕분에 나는 사람에 대한 두려움이 없다. 누구를 만나더라도 자신이 있고 기죽지 않는다. 처음 영업을 시작할 때는 나보다 지위가 높고, 나이가 많은 사람을 상대하는 자체가 어렵고 힘들었던 적이 있었다. 괜히 기죽기도 하고, 자신감 없는 태도와 행동을 보였던 적이 대부분이었다.

하지만 이제는 상황이 바뀌었다. 어떻게 나에게 이런 변화가 찾아온 것일까? 가끔 생각하곤 한다. 이번 장에서는 상황을 바꾸는 것이 어떤 의미이며 어떻게 상황을 바꿔야만 나에게 유리한 방향으로 흘러가는지에 대해 공유하고자 한다.

처음으로 내가 했던 일은 한 분양 사무소에 입사하여 거리에서 지나가는 사람들에게 무작정 말을 거는 일이었다.

"안녕하세요. 여기 좋은 물건이 있습니다. 한번 보고 가세요."
"안녕하세요. 좋은 정보가 있으니 잠깐 들어갔다 가세요."

거의 모든 사람이 내 말을 무시하고 제각각 자신의 길을 걸어갔다. 지금 생각해보면 그 사람들이 내 말을 무시한 게 아니라 내가 너무 무모하게 덤볐던 것이었다. 그러나 확실한 것은 같은 자리에 한 달, 두 달간 하루도 빠지지 않고, 매일 홍보에 열을 올리니 조금씩 나를 돌아다보는 사람들이 생기기 시작했다는 것이다.

분양 사무실 근처에 국민은행이 있었는데 당시 지점장은 점심 때가 되면 직원들과 식사를 하기 위해 내가 서 있는 곳을 지나쳐 식당으로 이동했다. 어느 날 지점장은 나를 불러 판매하고 있는 부동산에 관심을 두고 질문을 하기 시작한 것이다. 결국은 거래로 성사된 경험이 있다.

이때 나는 깨달았다. 상황을 바꾸는 첫 번째 전략은 바로 지속성이라는 것이다. 뭐든지 꾸준히 하는 것이 생각보다 중요하다는 사실을 배울 수 있었던 경험이었다. 돌이켜보면 한두 번 미팅 후 관심이 없다고 판단하고 포기했던 적이 수없이 많았다. 하지만 지속해서 나에게 격려를 해주며 도움을 주신 모든 고객이 지금의 나를 일으켜준 고마운 분들이다. 이분들에게 고개 숙여 감사한다.

나는 지금도 직원들에게 "영업할 수 있는 우리는 행복하고, 감사한 사람이다."라고 자주 말하곤 한다. 정말 뭐든지 생각하기 나름이다. 생각에는 강력한 힘이 있고, 보이지 않는 에너지가 있다. 참 신기하게도 그 보이지 않는 에너지를 느끼는 고객들을 만날 때면 정말 큰 힘이 된다. 나와 잘 맞는 사람이다. 팔려고 하지 말고 고객과 함께 시간을 보내다 보면 자연스럽게 사게 된다. 관계가 형성되고, 믿음이 쌓이면 언젠가는 연락이 오고 계약이 이루어진다.

제약회사에서 제약 영업을 하면서 나는 병원에 다니면서 많은 혜택을 보았다고 느끼며, 그에 대해 고객에게 늘 감사하게 생각한다. 무엇보다 좋은 선후배 직원들과 함께했고, 병원 의사 고객을 많이 만나 교류하며 정보를 얻었다. 병원이 지속해서 번창하는 것이 내가 잘되는 것이기에 병원이 잘될 수 있도록 도왔다.

병원 경영에 도움이 되는 일이라면 직원처럼 발 벗고 나섰다. 때로는 병원 행정실 직원처럼, 때로는 병원 직원들의 친절, 서비스에 대한 역량을 높이기 위해 강사처럼, 때로는 병원의 연초와 연말의 각종 행사의 기획과 진행을 담당하는 사회자로 내 일처럼 준비하고, 실행했다.

사실 상황만 놓고 본다면 내가 담당하는 제품을 병원 고객에게 설명하고, 프레젠테이션을 통해 그들을 설득시켜야 하는 상황이다. 하지만 나는 상황을 바꿔 내가 병원에 도움이 되도록 말하고, 행동했다. 결국, 내 진심이 그대로 통했는지 의사들의 마음을 열 수 있었고, 소개와 소개를 받아 내 매출은 어깨에 날개를 달았다.

영업 현장에서 고객들에게 도움을 주며 느낀 점이 있다. 영업과 마케팅은 불가분의 관계라는 점이다. 기본적으로 영업력이 좋은 영업 고수는 마케팅에 대한 실제 경험은 없더라도 학문에 대한 지식이 있어야 한다.

마케팅 이론을 공부하고, 관련된 저서를 통해 배워야만 한다.

대학 시절 내가 전공한 학문은 경영학이다. 세부 학문으로 인력 경영학을 전공했고, 마케팅 학문도 함께 공부했던 경험이 영업하는 지금도 큰 도움이 되고 있는 것은 사실이다. 자신이 하는 일과 제품에 대한 지식과 최신 추세 및 동향 파악은 물론 마케팅과 관련한 지식과 기술이 있다면 고객 마음의 문을 여는 게 더 쉬울 것이다.

영업인이라면 정치, 경제, 사회, 문화, 스포츠 등 전반적인 사회를 구성하는 흐름에 대해 이해하고 있어야 한다. 또한, 판매하고자 하는 제품과 경쟁사 정보에 대해서도 장단점을 누구보다 잘 알고 있어야 한다. 전문가가 되어야 한다. 그래야 어느 고객을 만나더라도 기죽지 않고, 당당하게 나아갈 수 있다.

아는 것을 모르는 척하는 여유로운 모습과 정말 모르는 것의 차이는 하늘과 땅 차이다. 가끔은 고객과 미팅을 하는 데 제품에 대한 고객의 질문에 정확히 답변하지 못하는 영업사원들을 볼 때가 있다. 순간 멈칫 당황하며 본부에 전화하거나 검색하는 프로답지 못한 모습을 보이는 영업사원을 볼 때면 안타깝고, 속상하기까지 하다.

특히 B2B 영업을 할 때나 기업체 구매 담당자와 미팅할 때는 특히 더 내가 판매하는 제품과 서비스에 대해 완벽하게 이해하고 숙지하는 것이 매우 중요하다. 제품에 대한 이해 부족은 마치 교회에 가면서 성경책을 가지고 가지 않는 것과 같다. 고객에게 막히지 않고 전문적으로 보이는 말과 행동 등은 고객의 신뢰를 얻을 수 있다는 사실을 명심해야 한다.

미팅 시 '이 담당자와 비즈니스 관계를 맺으면 내게 도움이 되겠네.'라는 고객의 기대감을 올릴 수 있다. 고객은 내가 아니라도 수많은 경쟁 회사 영업사원과도 미팅을 수시로 하고 있다. 가끔 같은 공간에서 마주치면 서로 어색하게 인사하며 뒤돌아서는 경험도 많이 있을 것이다.

경쟁 회사 영업사원과 차별화되는 나만의 무기가 있어야 하고 고객과 함께하는 순간 고객이 편안하다고 느끼게 해주는 것도 정말 중요한 부분이다. 늘 깨어 있어야 하며 시장의 흐름 파악과 내가 속한 분야에서 전문가적인 소양을 갖추기 위한 노력을 끊임없이 해야 한다. 고수의 실전 영업력에 성공하는 7가지 법칙 중 세 번째 법칙은 바로 상황을 바꾸는 것이다.

고수가 알려주는 영업의 핵심   **03**

늘 깨어 있어야 하며 시장의 흐름 파악과 내가 속한 분야에서 전문가적인 소양을 갖추기 위한 노력을 끊임없이 해야 한다.

먼저
통하라,
그 후
들어라

외국계 제약회사 영업부에서 일하면서 마케팅 부서에서 근무할 기회가 있었다. 1년간 마케팅 담당을 하며 영업부에 필요한 다양한 프로그램을 함께 준비했다. 직원들과 소통하면서 대화의 기술도 중요한 역량 중하나라는 사실을 알게 되었다. 신뢰 있는 목소리와 톤에 관한 연구와 정보를 효과적으로 전달할 수 있는 프레젠테이션 기술도 중요한 능력이다.

사람은 누구나 자신의 이야기를 잘 들어주는 누군가를 만나면 상대에게 호감을 느끼게 된다. 대다수 사람이 들어주는 것보다는 말하기를 좋아하기 때문이다. 직원들과 대화할 때 상대보다 적게 말하고, 관심을 두고 질문을 하는 것이 중요하다. 질문을 통해 상대의 욕구를 파악하고, 심리를 알 수 있기 때문이다.

상대의 이야기를 잘 들어주는 과정에서 직원과 유대감이 강화된다. 상대가 말을 많이 하도록 하는 방법은 평소에 관심을 두고 질문과 경청을 적극적으로 활용하는 것이다. 여기에 반응을 첨가한다. 직원이 어떤 말을 하든 맞장구를 쳐주며 적극적으로 호응한다면 상대는 춤을 추며 당신에게 이야기보따리를 풀어헤칠 것이다.

하물며 우리의 고객은 어떨까? 더했으면 더했지 절대 덜하지는 않을 것이다. 고객은 자기 일에 관심을 가진 영업사원과 이야기하고 싶어 한다. 고객과의 미팅 시 대화하는 방법이나 신뢰 있는 목소리와 톤에 관한 기술도 배우고 현장에 자신의 것으로 적용하는 것도 중요한 영업 역량이다.

기업 현장에서 발로 뛰며 내가 본보기로 삼고 존경하는 선배들에게는 공통된 특징이 있다. 딱 보면 깔끔한 이미지와 정돈된 머리 모양, 반짝거리는 구두와 멋스러운 정장의 겉모습과 늘 만나는 상대를 존중하며, 배려와 겸손으로 신사와 같은 내면을 갖고 있다는 점이다. 이런 선배들을 만나면 그 자체만으로 기분이 좋아진다.

누구를 만나든 자신감을 가지고 대화할 준비가 된 선배들이 상대와 소통하는 기술을 공유하겠다.

첫째, 나보다 상대에게 도움이 되기 위해 노력하는 사람이다.

내 이익만 챙기기 위해 고객을 만나는 것이 아니라 상대에게 더 관심을 두고 도움을 주기 위해 애를 쓴다. 내가 현장에서 영업 활동을 하면서 가장 많이 신경을 쓴 부분이 바로 고객의 이익이다. 고객에게 이익이 되어야 고객은 나를 만나게 된다. 슬프지만 현실이다. 내 제품을 판매하는 데에만 집중할 것이 아니라 중·장기적인 관점에서 고객을 관리하고 평소에도 자주 방문하여 신뢰를 쌓아야 한다.

둘째, 자기 분야에서는 확실한 전문가이다.

우리의 고객은 나뿐만 아니라 관련 경쟁 회사의 영업사원들도 동시에 만나고 있다는 사실을 알아야 한다고 말했다. 자연스럽게 고객 처지에서는 나와 경쟁 회사 영업 담당자를 비교하게 되어 있다. 타 회사 영업사원보다 내가 더 우위에 서기 위해서는 고객에게 비치는 내 모습이 더 전문가처럼 보여야 한다.

현재 나는 영업 매니저로 기업, 관공서 담당자들과 자주 미팅을 진행하고 있다. 그들의 눈빛은 늘 곤두서 있고, 나의 한마디를 놓치지 않기 위해 평가를 하며 나를 관찰하고 있다는 것을 잘 알고 있다. 그들과 통하기 위해서는 내가 담당하는 제품에 대한 전문적인 지식 및 최신 정보는 물론 일에 대한 자신감과 자부심이 있어야 한다.

우리는 대학 동아리 모임이 아니다. 실제 돈이 오고 가는 전쟁터와 같은 비즈니스 현장에서 통하기 위해서 가장 갖춰야 할 자질은 바로 기본. 기본에 충실해야만 한다.

셋째, 내 얼굴을 자주 노출하는 사람이다.

얼마 전 "자기 능력에 대해 자신감이 넘칠수록 그 분야의 업무에 대한 만족감이 커지며 더 좋은 성과를 거두게 된다."라는 내용의 기사를 본 적이 있다. 나는 이 말에 완전히 공감한다. 누구나 낯선 환경, 사람 혹은 잘하지 못하는 일을 마주하게 되면 불편한 마음이 든다. 너무 당연한 일이다. 우리의 고객은 어떨까? 갑자기 물건을 팔겠다고 낯선 누군가가 온다면 어색하고 불편해할 것이다. 매우 당연하다.

그래서 고객의 거절은 당연하다. 여기에 절대 기죽을 필요도 없고, 그러지 말자. 우리의 고객에게 자주 얼굴을 비춰 적대감을 없애야 한다. 나를 불편하게 만들지 말고, 내가 자주 고객에게 방문하여 상태를 확인할 필요가 있다. 지금 만나고 있는 고객과 조금 불편한 생각이 든다면 지금부터 상황을 바꾸기 위한 노력을 하나씩 해볼 필요가 있다.

누구를 만나든 자신감을 가지고 대화할 준비가 된 선배들이 상대와 소통하는 세 가지 기술에 대해 살펴보았다. 고객에게 더 이익이 되도록 말하고, 생각하고, 행동하는 사람, 자기 분야에서는 확실한 전문가가 되어 고객에게 자주 안부를 건네는 사람이 바로 영업력이 좋은 영업 고수가 되는 방법임을 잊지 말자.

처음 영업을 시작할 때 고객에게 할 질문들과 제품에 대한 설명이 담긴 안내서를 잔뜩 챙기고 고객과 미팅을 한 적이 있다. 처음 만난 고객은 팔짱을 끼고 있었고, 다른 고객은 컴퓨터 모니터를 계속 응시하며 나를 세워두었다. 또 다른 고객은 분주하게 핸드폰을 만지며 나를 무시하는 듯한 눈빛과 태도를 보였다.

당연하다. 그들은 나를 처음 보았고, 나도 그들을 처음 만났다. 아직 우리는 아무 사이도 아니다. 이런 낯선 환경, 사람이 차가운 반응을 보이는 건 당연한 일이다. 적어도 영업 현장에서는 말이다. 그렇다면 내가 해야 할 일은 무엇일까? 고객에게 할 질문들과 제품에 대한 설명이 담긴 안내서를 건네는 일일까?

처음 영업할 당시에는 그랬다. 그랬더니 다시는 만나지 못하는 고객도 생겼고, 아무런 실적도 발생하지 않았다. 아직 통하지 못했기 때문이다. 고객이 팔짱을 끼고 다른 바쁜 척을 하는 행위는 나와 관계를 맺고 싶지 않다는 비언어적 행동이다. 쉽게 말해 나에 대한 고객의 마음이 굳게 닫혀 있음을 의미하므로, 고객의 마음을 우선 열어야 한다.

그게 먼저이다. 고객의 마음의 문을 열었던 방법은 생각보다 간단했다. 평소에 고객의 관심사를 파악하고, 관련한 질문으로 고객의 마음을 유인했다. 예를 들어 야구에 관심이 많은 고객을 만날 때면 야구 관련 기사를 프린트하여 코팅과 함께 전달했다. 골프에 관심이 많은 고객을 만날 때면 새로 출시한 골프공이나 골프 관련 홍보물을 챙겨 선물했다.

자연스럽게 내가 건넨 물건을 받기 위해 팔짱을 풀거나 바쁘게 움직이는 행동을 멈추고, 나를 향해 바라보는 효과를 얻은 적이 한두 번이 아니었다. 이처럼 영업에 정답은 없다. 현재 내 상황과 고객이 처한 환경을 바라보며 순간 필요한 부분 혹은 떠오르는 생각이나 아이디어를 즉시 실행해보는 것만으로도 충분한 효과가 있다.

직접 현장에 적용해봐야 통하는지 그렇지 않은지 정확히 알 수가 있다. 이러한 과정을 통해서 통하면 다른 거래처 및 고객에게 그대로 적용해보는 것이다. 만약 통하지 않으면 수정·보완 후 다시 도전하면 된다. 중요한 점은 통하는 자신만의 방법을 발견하고, 찾으면 되는 거다.

고수의 실전 영업력으로 성공하는 7가지 법칙 중 네 번째 법칙은 바로 '먼저 통하라, 그 후 들어라'이다.

고수가 알려주는 영업의 핵심　　　　　　　　　　　　　04

고객의 거절은 당연하다. 여기에 절대 기죽을 필요도 없고, 그러지 말자. 우리의 고객에게 자주 얼굴을 비춰 적대감을 없애야 한다. 나를 불편하게 만들지 말고, 내가 자주 고객에게 방문하여 상태를 확인할 필요가 있다. 지금 만나고 있는 고객과 조금 불편한 생각이 든다면 지금부터 상황을 바꾸기 위한 노력을 하나씩 해볼 필요가 있다.

05

고객을
100%
믿어선
안 된다

고객과의 비즈니스 관계를 시작하기 위해서는 내 앞에 있는 고객이 믿을 만한 사람인지 아닌지, 중·장기적인 관점에서 비즈니스를 이어나갈 수 있는지를 먼저 파악해야 한다. 즉 영업력이 좋은 영업 고수라면 사람을 볼 수 있는 안목이 필요하다. 나는 제약회사에서 병원 영업을 시작으로 현재는 IT 회사에서 기업 B2B 영업과 채널 영업을 담당하고 있다.

채널 영업은 성과 관리와 더불어 인력에 대한 관리도 수반된다. 우리 회사에서 나오는 제품은 두 곳의 수입사에서 구매해서 온라인, 오프라인으로 나눠 각 채널에 뿌려진다. 특정 제품에 대해서는 온라인에서만 판매하도록 지정되어 있다. 마찬가지로 오프라인 전용 판매 모델도 있다.

나는 본사 브랜드 매니저로서 이러한 정책들이 잘 지켜지는지에 대한 관리·감독과 함께 정한 가격대로 잘 운영되는지에 대한 부분도 수시로 검토해야만 한다. 성과 관리만큼 중요한 부분이 바로 차별화다. 차별화란 소비자의 마음속에 자사 제품이나 기업을 표적 시장·경쟁·기업 능력과 관련하여 가장 유리한 포지션에 있도록 노력하는 과정을 말한다.

즉 포지션(Position)이란 제품이 소비자들에 의해 지각되고 있는 모습을 말하며, 차별화란 소비자들의 마음속에 자사 제품의 바람직한 위치를 형성하기 위한 제품 효익을 개발하고 커뮤니케이션하는 활동을 말한다. 내가 소속되어 있는 기업과 판매하는 상품은 현재 시장에서 고객들이 가장 선호하는 제품이다.

이러다 보니 몇몇 채널 담당자들은 자신의 이익만을 채우기 위해 온라인과 오프라인에 정해놓은 전용 판매 제품을 무시하거나 가격을 마음대로 정해서 판매하는 경우가 가끔 발생한다. 본사 입장에서 매출에 도움이 되기는커녕 오히려 제품 이미지 추락과 함께 더 큰 손실을 보는 경우가 있다.

기업과 브랜드가 세워져 있는 제품일수록 더 자세히 관찰하고, 분석하는 것은 매우 중요하고 그런 의미에서 성과 관리와 인력 관리 두 마리 토끼를 잡는 것은 어려운 일이다. 기업 현장에서 영업 업무를 하며 내가 최종적으로 내린 결론은 '영업은 관계이다.'라는 것이다. 결국, 사람이 하는 일이다. 제아무리 훌륭한 기술과 좋은 제품을 가지고 있다 하더라도 사람과의 관계를 빼고는 영업이 될 수가 없다.

고객과의 관계를 맺기 위해 매 순간 진정성을 담아 최선을 다하는 것은 옳다. 하지만 고객이 하는 말은 수용은 하되 전적으로 믿지는 말라. 이는 아마도 우리의 고객도 마찬가지일 거다. 그런데도 고객이 나를 전적으로 믿어주는 경우가 있다. 다음과 같은 영업사원을 만나면 우리의 고객 대부분은 나를 믿고, 신뢰하게 된다.

첫째, 서비스 정신이 좋은 영업사원은 어디에서든지 대우를 받는다.

서비스 정신의 이론적 정의가 아니라 실제 사례를 통해 설명하겠다. 최근에 회사 지사장님과 상무님 그리고 부장님과 함께 초밥이 맛있기로 소문난 식당에 처음 방문했다. 점심시간이 훌쩍 지난 시간임에도 불구하고 대기하는 사람들이 있을 정도로 인기가 높은 식당이었다.

자리에 앉아 식사 주문을 하고, 이런저런 이야기꽃을 피웠다. 30분이 지났는데도 식사가 나오지 않아 나는 호출을 눌렀다. "주문한 지 30분이나 지났는데 아직도 식사가 나오지 않아서요. 확인 부탁드립니다."라고 말했다. 확인해보겠다는 말을 남긴 직원은 우리가 시킨 음식을 가지고 테이블에 왔다. 음식을 내려놓으면서 하는 첫 마디가 "초밥 종류를 여러 가지를 시키시면 주문이 늦게 나와요."라는 말이었다.

말하는 어투나 표정도 약간 불편한 감정을 느낄 정도였다. 나쁜 아니라 함께 방문한 지사장님과 상무님, 부장님 또한 같은 생각이었다. 일단 진정하고, 맛을 보는데 음식은 정말 맛있었다. 점심시간이 훌쩍 지나 배도 고팠지만, 환상적인 초밥 맛이었다.

식사하며 나를 포함 일행 모두 "초밥은 정말 맛있다. 그런데 두 번 다시는 오고 싶지 않은 식당이다."라며 의견을 모았다. 왜 그랬을까? 바로 우리 테이블을 응대했던 직원의 태도, 말버릇, 표정에 담긴 말 한마디가 우리의 감정을 상하게 했기 때문이다. 맛은 있지만, 그 직원의 서비스 정신 부족으로 아쉬움을 크게 남겼다.

고객의 기분을 상하게 하는 가장 큰 이유는 바로 고객의 입장보다는 직원(판매자)의 처지에서 생각하기 때문이다. 고객의 기분이나 감정을 먼저 살펴봐주는 것이 아니라 식당의 바쁜 상황, 쉬지도 못하고 밀려오는 손님으로 인해 스트레스가 받았던 모양이라고 판단했다. 서빙보다 더 중요한 것이 친절을 전달하는 것이다. 고객의 처지에서 생각하고 이야기하여 직원의 상황을 고객이 이해할 수 있도록 만들어야 한다.

둘째, 자신감 있어 보이는 영업사원에게 더 호감을 느낀다.

기업 현장에서 비즈니스 영업의 세계는 마치 전쟁터와 같다. 경쟁사 대비 더 많은 활동을 해야 하고, 많은 고객을 만나야 한다. 거래처 개수가 많으면 동선을 효율적으로 계획하고, 선택과 집중을 할 필요가 있겠다.

누구든지 두려워하지 않고 상대와 이야기할 수 있어야 한다. 처음 보는 사람과 만나 대화하는 것이 쉬운 일은 아니다. 낯선 고객과 만나는 것에 느끼는 두려움을 없애야 한다. 어떤 사람도 만날 수 있다는 자신감으로 고객의 눈높이에 맞춰 대화할 수 있어야 한다. 영업사원의 자신감은 보이는 부분과 보이지 않는 부분으로 구분할 수 있다.

우리가 눈으로 볼 수 있는 부분의 자신감은 사람의 외모를 말한다. 단정한 머리 모양, 짙은 눈썹, 청결한 피부, 미소를 머금은 표정 관리는 기본 중의 기본이다. 생각보다 기본을 지키지 않는 영업인이 많다. 단정한 스타일의 의상과 신발은 나의 중심을 말한다. 의상은 말하지 않아도 누구나 알 수 있을 것이다.

그렇다면 보이지 않는 부분의 자신감은 무엇을 의미할까? 사람마다 몸에서 흐르는 기운(에너지)이 있다. 기운이 좋은 사람을 만나면 이상하게 나도 기분이 좋아지고, 함께 있으면 편안하다. 보이지 않는 부분을 잘 지키기 위해서는 자신만의 루틴과 마음 수련이 필요하다. 나는 월, 수, 금요일에는 새벽 4시에 일어난다. 일어나 2시간 정도 걷는 운동으로 하루를 시작한다. 운동을 시작한 후 더 활력 있는 모습과 몸이 좋아지니 자신감도 충전되는 중이다. 내가 아는 지인은 명상(마음 수련)으로 하루를 시작한다. 자신만의 루틴을 발견해서 지속해서 행동하는 사람의 기운(에너지)은 남다르다.

셋째, 자신의 분야에서 활동하는 영업사원은 전문가가 되어야 한다.

너무도 당연한 이 내용을 모르는 사람은 없을 것이다. 필요한 제품을 구매하기 위해 들른 매장에서 제품에 대한 상세한 정보가 없는 영업사원이라면 당신은 구매할 의사가 있는가? 아마도 다른 매장 혹은 더 구체적이고 정확한 정보를 전달해주기 위해 노력하는 전문적인 영업사원에게 구매할 확률이 더 높은 건 자명한 사실이다.

이처럼 기본과 중심을 잘 지키는 영업력이 좋은 영업 고수의 보이는 부분과 보이지 않는 부분에 대해 생각해보고, 자신만의 방법을 꼭 찾기를 바란다.

고수가 알려주는 영업의 핵심　　　　　　　　　　**05**

고객과의 관계를 맺기 위해 매 순간 진정성을 담아 최선을 다하는 것은 옳다. 하지만 고객이 하는 말은 수용은 하되 전적으로 믿지는 말라. 이는 아마도 우리의 고객도 마찬가지일 거다.

06

어차피
거절은 한다,
이유를
찾아라

최근에 제약회사 마케팅 부서에 근무하는 후배에게 연락을 취했다. 나는 제약회사를 떠난 지도 4년이나 훌쩍 흘렀지만 정말 오랜만에 전화한 후배에게 안부도 묻고, 시장 조사를 하기 위해 연락을 했다. 지금 영업을 하고 있다면 어디든지 묻고, 찾아가서 필요한 정보를 얻어야만 한다.

사실 오랜만에 후배에게 전화하는 것도 성격에 맞지 않는 사람은 못할 것이다. 하지만 나는 아니다. 뭐 어떤가? 사실 내가 제약회사에서 근무할 당시에는 직원들에게 복지 차원으로 업무에 필요한 제품을 정기적으로 선물 받았다. 예를 들어 키보드, 마우스, 스피커 등의 제품을 말이다.

　최근의 동향 파악과 또 다른 기회 요인 분석을 위해 마케팅 부서 후배에게 연락을 취한 것이다. 나는 상황 설명과 함께 우리 회사에서 제품 구매를 할 경우의 얻을 수 있는 혜택 등에 대한 정보를 주었다. 주변을 살짝 돌아보면 우리 제품을 판매할 고객은 세상에 널려 있다. 생각보다 많은 고객이 있다는 사실을 명심해야 한다.

　"아, 전화 안 받으면 어떻게 하지?"
　"그냥 전화하지 말까?"
　"이 친구는 모를 것 같은데….."

　번뜩 떠오른 생각이나 아이디어에 내가 찬물을 끼얹지 말자. 해보지도 않고, 스스로 나를 거절하지 말아야 한다. 누군가는 자존심 때문에 또는 부끄러워서 연락하지 못하고 찾아가지 못하는 경우를 많이 본다. 부끄러워하는 것은 자기 생각이다. 영업하면서 절대 그러지 말자.

　영업은 고객에게 최신 정보를 전달하는 행위인 것이다. 우리 제품을 구매했을 경우의 혜택을 알려주는 것이다. 상담자 관점에서 고객에게 컨설팅을 해주고, 내가 고객으로부터 받을 부분은 정확히 받으면 된다. 자신감 있는 태도로 용기를 갖고, 돌진하자. 그러면 모든 일이 내 마음대로 술술 풀릴까?

절대 아니다. 내가 원하는 방향으로 매 순간 흘러간다면 걱정 따위는 저세상 밖의 일일 것이다. 하지만 대부분 내가 원하지 않는 방향으로 흘러가고 만다. 신규 거래를 위해 방문한 거래처 고객을 만날 수 없는 경우를 생각해보자. 분명 고객은 저 안에 있다. 심지어 보인다. 하지만 고객의 비서는 "지금은 부재중이셔서 만날 수 없습니다."라고 말한다.

거절인 셈이다. 또 다른 거래처에 가서 고객을 만났다. 미팅을 마친 후 고객은 "네, 잘 알겠습니다. 검토 후 연락드리겠습니다."라며 정중히 나를 거절한다. 최근에 만난 어떤 고객과의 미팅은 정말 순조로웠다. 미팅하고 고객은 "지금 당장은 필요 없습니다. 필요하면 연락드리겠습니다."라며 나를 거절했다.

나는 지금도 전국을 누비며 다양한 채널의 고객과 미팅을 하고 있다. 마스크를 착용하고, 항상 건강을 염려하면서 말이다. 동시에 수많은 거절의 경험도 쌓고 있다. 이러한 거절은 나를 좌절시키고, 절망시키는 것이 아니라 나의 새로운 콘텐츠와 이야기로서 나를 더 단단하게 해주는 근육과도 같은 것이다.

그래서 참 감사한 마음이 먼저 올라오는 게 사실이다. 이러한 나를 두고 주변에서 나를 보는 지인들은 독특하다고 말한다. 그들이 왜 그렇게 말하는지 나도 어느 정도 이해는 한다. 예전에 회사 팀장과 직원들 대상으로 회복 탄력성에 대한 강의를 진행한 적이 있다. 회복 탄력성은 영어 'resilience'의 번역이다. 심리학, 정신의학, 교육학, 사회학, 커뮤니케이

선학, 경제학 등 다양한 분야에서 연구되는 개념이다.

회복 탄력성은 크고 작은 다양한 역경과 시련과 실패에 대한 인식을 도약의 발판으로 삼아 더 높이 뛰어오르는 마음의 근력을 의미한다고 할 수 있다. 물체마다 탄성이 다르듯이 사람에 따라 탄성이 다르다. 역경으로 인해 바닥까지 떨어졌다가도 강한 회복 탄력성을 가진 사람들은 대부분은 원래 있었던 위치보다 더 높은 곳까지 올라갈 수 있다고 한다.

회복 탄력성이 좋은 영업사원은 고객으로부터 수많은 거절을 당하더라도 좌절하거나 실망하지 않고 "그 고객은 왜 나를 거절했을까?", "어떻게 하면 거절을 줄일 수 있을까?"라는 질문을 스스로 던진다. 질문에 대한 답을 찾기 위해 수없이 많은 시간과 에너지를 사용한다는 것을 알아야 한다.

"영업에서 거절을 빼놓고는 말하지 말라." 내가 한 말이다. 나는 정말 이렇게 생각한다. 거절 없는 영업은 없으며 설사 한 방에 계약이 되었다 할지라도 절대 교만해서는 안 된다. 교만은 패망의 선봉이라고 했다. 미국 최초의 백화점 체인 설립자 페니(James Cash Penny)는 "당신의 성공 비결은 무엇입니까?" 하고 질문하는 사람들에게 딱 한마디로 "겸손"이라고 대답했다고 한다. 겸손이 성공의 비결이다.

지난 장에서도 말했지만 겸손은 나를 낮추는 것이 아니라 상대를 높이는 행위를 말한다. 상대를 높이면 자연스럽게 나를 낮출 수 있다. 영업에서 고객의 거절은 너무나도 당연한 프로세스이므로 절대 기죽지 말자.

고객이 거절하는 데는 분명한 이유가 있기에 그걸 찾는 연습을 통해 거절을 극복하는 사람만이 빛을 만나게 될 것이다.

오래전 고객사를 확보하기 위해 찾아간 거래처에서 보기 좋게 거절을 경험했다. 고객과 함께 근무하는 직원들을 통해 정보를 수집하고, 골프를 좋아해서 정기적으로 필드에 나간다는 사실을 알 수 있었다. 그날 즉시 골프 레슨 등록을 했다. 3개월 동안 거의 매일 같이 골프를 배우며 고객과 함께 필드에 나가는 상상을 했다.

결국, 상상이 현실이 되어 고객과 함께 비즈니스를 진행할 수 있었다. 고객에게 거절을 당했다면 선택을 해야 한다. 다른 고객을 찾아 나설 것인지 이 고객을 확보하기 위해 더 노력할 것인지 말이다. 선택의 기준은 모든 상황이 다르기에 뭐라고 말할 수가 없다. 각자가 판단하길 바란다.

다만 확실한 것은 영업과 같은 비즈니스 관계뿐만 아니라 사회생활을 함에 있어서 나에게 관심을 보이는 사람에게 호감을 느끼고, 자신의 상황과 환경이 비슷한 사람과 관계를 맺고 싶어 한다는 것이다. 내가 고객사를 확보하기 위해 찾아간 고객과 취미를 함께하면서 관계를 맺기 위해 골프를 배운 것처럼 아무런 노력 없이는 그 어떠한 일도 발생하지 않는다.

그래서 필요하다면 같은 취미나 운동 모임, 같은 학교 출신이나 지역, 혈연을 활용해야만 한다. 영업에 도움이 되기 때문이다. 여기서 중요한 점은 절대 고객보다 많은 말을 하지 말아야 한다는 것이다. 어디를 가나

말 많은 사람은 환영받지 못한다는 사실을 반드시 기억하자. 말이 많으면 실수가 잦은 법이고, 한 번 내뱉은 말을 주워 담을 수 없다는 것을 모르는 사람은 없을 것이다.

그럼 언제 말을 해야 할까? 고객이 당신에게 신뢰가 쌓이면 당신에 대해 궁금해하고, 관심을 갖게 되는 시기가 온다. 관심의 표현으로 고객은 당신에게 질문할 것이다. 당신에 관한 뭐든지 말이다. 질문을 받으면 그때 상황에 맞는 적절하고 깔끔한 답변을 하면서 고객에게 더 많은 신뢰를 주기 위해 노력하면 된다. 영업력이 좋은 영업 고수의 다섯 번째 법칙은 바로 거절이 먼저라는 것을 알고, 고객이 나를 거절한 이유를 찾는 데 시간과 에너지를 쏟는 것이다.

고수가 알려주는 영업의 핵심   **06**

"영업에서 거절을 빼놓고는 말하지 말라." 내가 한 말이다. 나는 정말 이렇게 생각한다. 거절 없는 영업은 없으며 설사 한 방에 계약이 되었다 할지라도 절대 교만해서는 안 된다.

07

상황에 따라
영업의
목표는
달라진다

최근에 각 지역 초, 중, 고등학교 전산실 담당 선생님과 미팅을 한 적이 있다. 우리 제품을 구매하는 경로에 대한 시장 조사를 전국적으로 시행했다. 결과는 크게 세 가지였다. 첫째, 온라인에서 구매하는 경우, 둘째, 인근 문구점에서 구매하는 경우, 셋째, 유지보수 업체에서 구매하는 경우이다.

나는 각 학교 유지보수 업체 현황에 대한 전수 조사를 시작했다. 온라인으로 미리 업체 현황과 규모에 대해 분석한 후, 미팅을 진행할 업체를 선별하는 작업을 마칠 수 있었다. 선별한 유지보수 업체 대표를 만나 비즈니스에 대한 미팅을 진행하면서 한 업체당 세 번 이상 만나지 않았다. 첫 만남에서 바로 계약을 이뤄낸 예도 있었고, 보통 2~3번 미팅으로 계약 성사 여부를 결정할 수 있었다.

보통 영업은 1~2번의 만남으로 거래가 성사되기 어렵다고 한다. 사실이다. 하지만 상황에 따라서는 단번에 거래를 성사시켜야 하는 예도 있다. 학교 유지보수 업체 대표들의 일정은 하루가 정말 빡빡하다. 하루에도 수십 군데의 학교에 다녀야 하고, 업무 처리를 해야 한다. 이렇게 일정이 바쁜 대표들과의 미팅에서 나는 주로 필요한 말만 하고 빠지는 경우가 대부분이다.

물론 영업을 어느 정도 해서 이제는 딱 보면 느낌이 온다. 이 고객과 비즈니스가 될지 말지를 말이다. 모르긴 몰라도 고객도 나와 같은 생각일 것이다. 이 영업사원과 거래를 해야 하는지 말아야 하는지를 말이다. 보통 바쁜 고객들을 대할 때 나는 핵심만 이야기한다.

"대표님, 먼저 시간 내어주셔서 감사드립니다."

"바쁘실 테니 핵심만 말씀드리겠습니다."

"각 학교 전산실 선생님을 만나 시장 조사를 진행하고 있습니다."

"저희가 학교 내 브랜딩 목적으로 다양한 제품 종류와 가격에 대한 혜택을 제공하고 있습니다."

"지금 사용에 있어 큰 문제가 없으시면 그대로 운영하시면 되고요, 혜택을 받아보고 싶으시면 바로 도와드리겠습니다."

"현재 운영하시면서 어떤 어려움이 있으신가요?"

나는 여기까지만 말한다. 내가 이곳에 와서 대표님과 미팅을 하게 된 배경과 목적에 대해 간략히 설명한 후 마지막은 "현재 운영하시면서 어떤 어려움이 있으신가요?"라는 질문을 반드시 한다. 선택은 고객의 몫이다. 원하는 방향으로 흘러가지 않을 때 포기하거나 좌절하면 안 된다는 이야기를 많이 들어보았을 것이다. 나도 그렇게 말했고, 동의한다.

하지만 상황에 따라 포기해도 된다. 좌절해도 된다. 그 고객 아니어도 괜찮다. 둘러보면 다른 고객들이 생각보다 엄청 많이 있다. 그 사람 아니어도 내가 담당하는 제품을 구매해 줄 고객은 어딘가에 분명 존재한다는 사실을 잊으면 안 된다. 그러니 포기하거나 좌절하지 말자. 해도 안 되는 사람 말고, 포기하지 않고 좌절하지 않으면 만나게 될 고객을 생각하자.

영업을 잘하는 데 정답은 없다. 하지만 영업을 한 이후에 성과는 반드시 있어야 한다. 일했으면 티를 내고, 성과로 말한다. 모든 조직에는 목표가 있다. 영업사원은 회사 내에서 주어진 목표를 달성하기 위해 스스로 노력하면서 성과를 만들어야 한다. 영업력이 좋은 영업 고수는 만들어낸 성과를 바탕으로 강의안을 구성하여 함께 일하는 직원들에게 공유하고 동기 부여를 끌어내는 사람을 말한다.

아무리 학력이 우수하고, 화려한 경력의 소유자라 할지라도 영업에서 성과를 만들지 못하면 무용지물이다. 회사에서 비싼 연봉을 주고 그 사람을 쓸 이유가 없다. 반면 학력이나 경력이 다소 부족할지라도 성과를 만들어낸다면 그 분야에서 적어도 그 회사에서 성공할 확률은 높아진다.

자기 분야에서 성공한 사람들의 공통점은 이미 성공한 사람들을 보며 자신만의 색깔로 꾸준하게 노력하였고 상황에 따라 자신만의 길을 개척했다는 것이다. 무엇이든 개척한다는 것은 어려운 일이다. 하지만 우리보다 먼저 우리의 갈 길을 열어준 선배들이 있기에 참고할 수 있다.

상황에 따라 영업은 다르다. 영업하는 사람마다 영업의 목표가 다르기 때문이다. 영업은 입사 1~3년이 힘들지 터만 잘 마련해놓는다면 그 이후부터는 시간과 경제적인 여유가 더 생기면서 덜 힘들게 일할 수 있는 환경을 준다. 보람도 얻을 수 있으며, 다양한 고객들과의 인적 네트워크 형성도 가능하다. 또한, 남는 시간에는 자기계발과 취미도 즐길 수 있는 다양한 장점이 많은 분야가 바로 영업이다.

당신 영업의 목적은 무엇인가? 지금 영업을 하는 당신은 누구인가? 누구나 성공하기를 원한다. 누구나 행복하기를 원한다. 영업은 성공과 행복을 위한 수단이다. 동의하는가? 내 말에 동의하는 사람은 이미 영업을 통해 어느 정도 부와 명예를 누리고 있는 사람일 확률이 높다. 하지만 동의하지 않는다면 그럴 만한 이유가 분명히 있을 것이다.

이처럼 다양한 사람이 존재하듯 우리의 현 상황에 따라 영업을 바라보는 시각 또한 다양하다. 하지만 분명한 사실은 인생의 성공과 행복을 위한 영업에서의 성공과 행복은 저절로 오지 않는다는 것이다. 우리가 선택하는 것이다. 하루의 시간을 허투루 보내며 아무런 의미도, 목표도 없이 살아가는 인생은 결코 만족스러울 수 없을 것이다.

그러나 영업력이 좋은 영업 고수가 바라보는 영업은 다르다. 영업을 통해 크게 세 가지를 추구한다.

첫째, 지금 하는 영업을 통해 성공과 행복을 추구하는 사람이다. 매 순간 고객과 동료에게 최선을 다한다. 늘 상대를 높여준다. 자신의 이익보다는 상대의 이익을 먼저 생각하고, 도움이 되기 위해 노력한다. 이러한 과정들이 모여 결국 자신에게 성공과 행복으로 다가온다.

둘째, 영업을 통해 내면의 건강을 추구하는 사람이다. 사실 영업을 하면 갖은 유혹이 찾아온다. 술과 담배 그리고 타성에 젖는 삶 등은 나의 내면뿐 아니라 몸까지 축나게 한다. 그런데도 철저한 자기 관리와 시간 관리로 자신을 지켜내는 사람만이 결국 원하는 미래를 얻을 수 있다.

셋째, 영업을 통해 자신의 미래를 그려나가는 삶을 추구하는 사람이다. 단순히 오늘만을 살지 않는다. 내일을 상상하며 하루의 시간을 알차게 사용한다. 요즘 영업하는 사람들 보면 열심히 하지 않는 사람이 없다. 모두 다 열심히 한다. 그래야 자신의 위치를 지킬 수 있기 때문일 것이다.

내일을 상상하며 하루의 시간을 알차게 사용한다는 의미는 종일 일만 열심히 하는 영업사원을 말하는 것이 아니다. 그런 삶이야말로 내일은 보지 않고, 단순히 오늘만 사는 사람의 삶이다. 내일을 상상하는 사람은 종일 일하지 않는다. 선택과 집중을 통해 업무 효율성을 높이는 사람이다. 나머지 시간에는 책과 신문을 읽으며 최신 동향을 배우고, 미래를 준비한다. 시간을 효율적으로 사용할 줄 아는 사람을 말한다. 당신은 어느 쪽인가? 이도 저도 아니라면 허투루 시간을 흘려보내는 사람일 확률이 높다. 지금부터라도 일과 나의 미래를 동시에 챙기는 똑똑한 사람이 되길 바란다.

고수가 알려주는 영업의 핵심 07

자기 분야에서 성공한 사람들의 공통점은 이미 성공한 사람들을 보며 자신만의 색깔로 꾸준하게 노력하였고 상황에 따라 자신만의 길을 개척했다는 것이다. 무엇이든 개척한다는 것은 어려운 일이다. 하지만 우리보다 먼저 우리의 갈 길을 열어준 선배들이 있기에 참고할 수 있다.

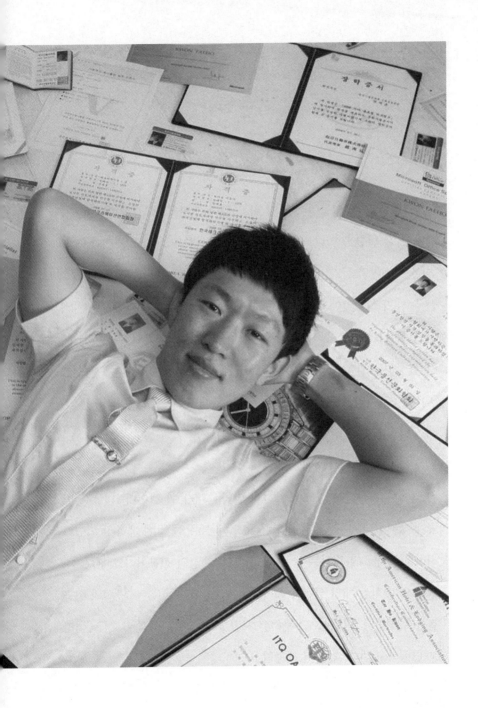

세일즈 고수의 성공하는 7가지 법칙

기업경영의 핵심 활동인 영업을 하고 있다는 자체만으로도 우리는 자부심을 가질 만한 일이다. 이런 자부심과 자신감을 느끼고 고객과 맞서는 법을 배워야만 한다.

결국, 내가 누군가에게 영향력을 행사하기 위해서는 그 사람과의 관계가 우선이 되어야 한다. 비즈니스는 그다음이다. 고객과의 관계에서 매 순간 진정성을 담아 긍정과 열정으로 고객을 대해야 한다. 나를 위해서가 아니라 고객의 이익을 위해 일한다고 고객이 느끼는 순간 당신에게 고객은 마음의 문을 열 것이다.

"영업에서 거절을 빼놓고는 말하지 말라." 내가 한 말이다. 나는 정말 이렇게 생각한다. 거절 없는 영업은 없으며 설사 한 방에 계약이 되었다 할지라도 절대 교만해서는 안 된다. 교만은 패망의 선봉이라고 했다. 미국 최초의 백화점 체인 설립자 페니(James Cash Penny)는 "당신의 성공 비결은 무엇입니까?" 하고 질문하는 사람들에게 딱 한마디로 "겸손"이라고 대답했다고 한다. 겸손이 성공의 비결이다.

아무리 학력이 우수하고, 화려한 경력의 소유자라 할지라도 영업에서 성과를 만들지 못하면 무용지물이다. 회사에서 비싼 연봉을 주고 그 사람을 쓸 이유가 없다. 반면 학력이나 경력이 다소 부족할지라도 성과를 만들어낸다면 그 분야에서 적어도 그 회사에서 성공할 확률은 높아진다.

자기 분야에서 성공한 사람들의 공통점은 이미 성공한 사람들을 보며 자신만의 색깔로 꾸준하게 노력하였고 상황에 따라 자신만의 길을 개척했다는 것이다. 무엇이든 개척한다는 것은 어려운 일이다. 하지만 우리보다 먼저 우리의 갈 길을 열어준 선배들이 있기에 참고할 수 있다.

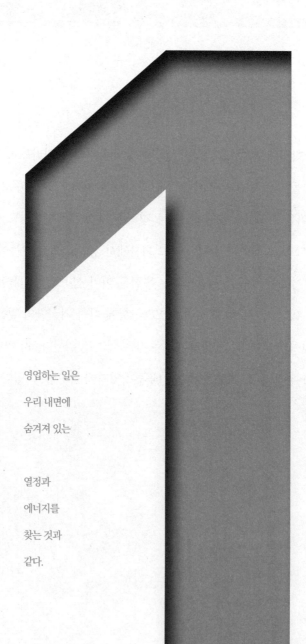

영업하는 일은
우리 내면에
숨겨져 있는

열정과
에너지를
찾는 것과
같다.

6장

영업 갑부가
알려주는
5가지
성공 시크릿

01

진짜
고객과
가짜 고객을
구분하라

사람의 감각 기관은 보통 다섯 가지로 분류된다. 그래서 오감이다. 시각 · 청각 · 후각 · 미각 · 촉각 등의 다섯 가지 감각으로 신체에 있는 감각수용기의 종류로 분류한 것이다. 눈, 귀, 코, 입, 피부 무엇 하나 중요하지 않은 감각 기관이 없다. 여기에 하나를 더해 육감이라는 표현을 자주 접하게 된다.

육감의 사전적 의미는 분석적인 사고에 의하지 않고, 직관적으로 사태의 진상을 파악하는 정신작용을 말한다. 즉, 이치나 경험으로부터의 지적 판단을 통한 결론이 아니라 느낌, 즉 직감을 의미한다. 교육심리학 용어로 직관이라는 단어가 있다. 사물이나 상태를 순간적으로 지각하는 것을 말한다. 직관은 사상을 순간적으로 직감하는 것으로서, 예를 들어 상대의 표정에서 상대의 감정 상태를 짐작한다든지, 장차 상대와의 관계를 헤아리는 것 등을 들 수 있다. 영업력이 좋은 영업 고수는 바로 이 직관적 사고가 뛰어난 사람이다.

우리 고객들은 눈코 뜰 새 없이 바쁘다. 마음 편하게 비즈니스에 대해 진지하게 대화할 여유가 없다. 치열한 영업 시장에서 살아남기 위해 고객에게 전력을 쏟느라 경쟁사 영업사원의 동향을 따로 파악할 시간이 없다. 영업 하수들은 이렇게 말한다.

"일단은 열심히 고객을 만나라. 고객을 만나면 무엇이든 얻을 수 있다. 고객과의 미팅을 잡기도 빠듯한데 지금은 경쟁사 동향을 파악할 필요 없다."

옳은 말 같지만, 과연 그럴까? 고객을 많이 만나면 기회가 그만큼 많아지니 다행히 얻어걸릴 수도 있겠지만, 고객과의 미팅을 많이 한다고 해서 꼭 좋은 결과가 나오는 것은 아니다. 아무런 전략도 전술도 없이 많은 고객과 미팅을 하다가는 이미 많은 것이 늦고, 돌이키려면 몇 배의 시간과 에너지가 따라야 할 수도 있다.

영업하다 보면 고객과의 미팅 횟수와 성과가 정비례가 아닌 것을 알게 될 것이다. 고객을 많이 만난다고 해서 성과가 많이 나오는 게 아니라는 의미이다. 하지만 영업 하수들은 무조건 많은 고객을 만나려고만 한다. 많은 고객을 만나 미팅을 많이 하는 것이 중요한 게 아니라 한 명의 고객을 만나더라도 진짜 고객과의 미팅을 통해 성과를 창출해야 한다.

진짜 고객을 선별하기 위한 나만의 방법을 공유하겠다. 우선 내가 진입하고자 하는 시장을 선정해야 한다. 이에 따른 잠재 고객에 대한 이해와 분석도 병행해야 한다. 시장 조사를 하는 과정에서 만난 고객과의 미팅에서 우리는 시장 기회가 충분히 존재한다고 믿고 고객들과의 대화를 이어나가야 한다.

주간 계획으로 나는 일곱 명의 잠재력 높은 고객 목록을 작성한다. 방문하기 전에 두 가지 사항을 반드시 점검한다. 첫째, 포털 사이트 거리뷰를 적극적으로 활용하여 채널의 규모를 먼저 확인한다. 둘째, 손님으로 가장하여 전화를 걸어 서비스 정신 및 제품 사용 여부에 대한 조사를 선행한다.

두 가지 선행 작업을 통해 어느 정도 느낌을 파악하는 것이다. 여기서 나의 직관이 발휘된다. 그리고 그들과 직접 대면 미팅으로 시장 조사하고 그 결과를 토대로 1차 시장 조사 보고서를 작성 및 검토한다. 이때 가장 먼저 고객의 입점 의지를 확인해야 한다. 나에게 채널의 규모 및 매출은 중요하지 않다. 내가 고객을 선정하는 데 있어 가장 중요하게 보는 것은 바로 고객의 의지이다.

우리 제품을 사용하고자 하는 의지가 있으면 나는 적극적으로 도와드린다. 하지만 간을 본다거나 뭔가 미덥지 못한 느낌을 받으면 정중하게 인사를 하고 나온다. 이 시장 조사야말로 진짜와 가짜 고객을 선별하는 중요한 작업이다.

"저희 제품의 수요가 어느 정도 있으신가요?", "사용하시면서 불편한 사항은 없으신가요?"라는 질문을 던졌을 때 고객의 답변이 "네, 문제없습니다.", "잘 사용하고 있습니다."라고 말한다면 내가 전하는 제품에 관심이 없다는 의미로 받아들일 수 있다. 반대로 긍정의 피드백이든 부정적 피드백이든 상세한 내용의 피드백을 준다면 문제 해결을 위한 나의 제안에 관심이 있다는 의미로 받아들여 2차 미팅 계획을 세운다.

2차 미팅에는 내 보스와 동행하거나 더 나은 제안을 갖고 미팅에 임한다. 주간 계획으로 작성한 일곱 명의 잠재력 높은 고객과의 시장 조사는 영업의 성과 창출을 위한 성공으로 직행하는 길을 안내할 것이다. 고객과의 2차 미팅 시 내가 중점적으로 신경 쓰는 부분이 있다. 1차 미팅보다 입점하게 된다면 고객이 얻게 될 더 나은 혜택과 최신 정보를 제공한다. 이때 '설득과 판매'가 아니라 '질문과 조사'가 2차 미팅의 주된 목적이다. 내가 제품을 팔기 위해 다가가면 고객과의 신뢰는 무너질 것이다.

최종 고객의 의지를 확인했다면 실제 입점 되었을 경우를 가정해서 어느 정도의 매출이 일어날지를 판단한다. 이처럼 매출이나 채널의 규모는 후순위다. 검토 후 진행하기로 했다면 고객에게 비즈니스 계약 진행 여부에 대해 최종 의사 확인을 하는 과정을 거친다. 다시 말하지만, 요구가 아니라 '질문'이어야 한다.

'이 제품을 입점하시겠습니까?'가 아니라 '오늘 당장 입점에 대해 말씀해주실 필요 없습니다. 편하게 내부 검토하시고, 피드백 주시면 됩니다. 제가 더 도와드릴 부분이 있을까요?'라고 말하자. 여기서 고객이 안달하며 적극적인 자세를 보이면 즉시 대량 발주도 가능하다. 갑과 을의 상황이 바뀐 것이다. 이 이야기는 의견이 아니라 사실이다. 실제 내가 수없이 많은 미팅을 통해 확인한 FACT(사실)이다.

각각의 고객과의 미팅을 통한 시장 조사 결과 자료가 다양해졌을 것이다. 나의 자산인 셈이다. 분명 다른 지역에서도 유사한 상황의 고객이 존재할 것이 분명하다. 표본을 뽑아서 적용하면 된다. 최종 목표는 내가 담당하고 판매하는 제품에 진심으로 관심을 보이고 의지가 확인된 고객을 찾는 것이다.

만약 열심히 고객을 찾기 위해 나섰음에도 불구하고 일곱 명을 도저히 찾을 수 없다면 타깃팅이 잘못된 것일 수도 있다. 위 프로세스는 간단해 보이지만 고객을 선정하고, 미팅하기까지 생각보다 많은 시간과 에너지가 소모된다. 여기서 얻은 자료는 그 무엇과도 바꿀 수 없는 귀중한 자료이므로 잘 보관해야 한다.

우리는 일곱 명의 고객 시장 조사 자료를 근거로 실제 비즈니스 관계

진행 여부에 관해 확인할 수 있다. 고객의 의지에 따라서 말이다. 다시 강조해서 말하지만, 매출 및 채널의 규모는 그다음에 확인할 내용이다. 나는 매출 및 채널의 규모가 상당하더라도 우리 제품에 관심이 없다면 절대 팔 생각도 없고, 팔지도 않는다. 가장 중요한 요소는 바로 고객의 의지이다. 앞서 말했듯이 우리의 잠재 고객은 생각보다 많은 곳에 분포되어 있다는 사실을 잊으면 안 된다.

영업력이 좋은 영업 고수는 진짜, 가짜 고객을 구분하는 능력이 탁월할 뿐만 아니라 눈에 보이는 것만 보지 않는다. 보이지 않는 부분에 대해서도 꼼꼼하게 보려고 노력하는 사람. 바로 그가 우리가 말하는 영업 고수이다.

고수가 알려주는 영업의 핵심   01

나는 매출 및 채널의 규모가 상당하더라도 우리 제품에 관심이 없다면 절대 팔 생각도 없고, 팔지도 않는다. 가장 중요한 요소는 바로 고객의 의지이다. 앞서 말했듯이 우리의 잠재고객은 생각보다 많은 곳에 분포되어 있다는 사실을 잊으면 안 된다.

02

영업은
어렵고
힘든 일이
아니다

최근에 부동산 일을 하는 후배로부터 두 가지 질문을 받았다.

"돈을 많이 벌고 싶은데 어떻게 하면 될까요?"

"억대 연봉을 버는 사람들의 공통점은 뭐예요?"

20대인 후배는 이른 시일 내에 큰돈을 벌고 싶은 욕구가 강했다. 나는
세 가지 조언을 해주었다.

첫째, 갓 20대가 되었기에 부동산 일을 하며 더 다양한 경험을 해보면
도움이 될 것 같다고 말했다. 부동산 관련된 사람을 만나는 것도 좋고,

부동산 외 다른 산업 분야에도 관심을 가져보며 시각을 더 넓히면 좋겠다는 조언을 해줬다.

둘째, 순간을 기록하라는 조언을 해줬다. 일상에서 일어나는 모든 것들을 글로, 사진으로 그리고 영상으로 기록하여 나만의 이야기를 만들어 나의 가치를 올리는 일을 해야 한다고 말했다. 물론 중심은 부동산 비즈니스에 연관해서 말이다. 추후 필요하면 책 출간도 도와주겠다는 약속을 했다.

책을 쓴다는 것은 어려운 일이다. 하지만 그 어려운 일을 해내는 사람은 주변에 많이 있다. 역으로 생각해보자. 그들이 했다면 나도 할 수 있다. 책을 쓰면서 더 공부도 하게 될 뿐만 아니라 스스로 성찰하며 앞으로 나아갈 힘이 생긴다. 인생에서 자신의 이야기를 책으로 엮는 일은 생각보다 보람되고, 뿌듯한 일이다.

셋째, 나만의 플랫폼을 구상해서 만들어야 한다고 조언했다. 방법은 여러 가지다. 자신이 더 선호하는 형태로 기획하고, 연출하면 된다. 이 부분도 주변을 둘러보면 전문가들이 많이 있다. 그들에게 시간과 비용을 투자해 배우면 된다고 했다. 물론 선택은 본인의 몫이다. 결국, 지속해서 노력하는 사람을 이길 자는 없다.

내가 생각하는 흙수저가 금수저가 되는 가장 효과적인 방법은 주식, 부동산, 코인이 아니라 영업이라고 생각한다. 영업의 기회는 그 누구에게나 평등하다. 영업은 힘들고, 어렵고, 두려운 일이 아니라 희망이고, 미래이고, 기회이다. 적어도 나는 영업을 통해 희망을 보았고, 미래를 만나 그 기회를 적극적으로 활용하면서 살아가고 있다.

15년 이상 영업 현장에서 발로 뛰며 깨달은 사실 한 가지가 있다. 이 세상 모든 만물의 법칙이라 할 수 있다. 그 어떤 비즈니스의 원리든 간에 결국은 이걸로 통한다는 것이다. 이게 뭘까? 사는 사람이 있고, 파는 사람이 있다는 사실이다. 영업사원은 살 수도 있지만 주로 파는 사람일 확률이 높다.

바로 무언가를 판매하는 일이 영업이다. 예를 들어 작가는 자신의 이야기를 책으로 엮어 판매한다. 건축가는 집을 지어 판매한다. 강사는 지식을 판매하는 사람이다. 여기서 중요한 점은 누군가는 고객에게 구걸하듯 애걸복걸하며 판매를 하는 영업사원이지만, 다른 누군가는 자신이 판매하는 제품을 고객이 필요 때문에 사고 싶게 만드는 영업사원이라는 것이다.

사달라고 떼 쓰는 게 아니라 자연스럽게 구매할 수 있도록 시스템을 구축하는 것이 모든 비즈니스의 핵심 비법이다. 나에게 질문한 후배에게 위 세 가지 조언을 했던 이유이기도 하다. 결국, 영업은 나와 고객 모두를 만족시키고, 이익이 되도록 환경을 조성해주는 작업을 말한다.

내가 고객에게 제품을 판매한다는 것은 내 제품을 구매할 고객에게 도움이 되는 일이다. 만약 내가 화장품을 판매하는 일을 한다고 가정하자.

내 제품을 구매하여 사용하게 된다면 고객의 피부가 지금보다 훨씬 더 좋아질 것이다. 고객에게 이득이 되는 일이다. 비용을 지급해서 이익을 볼지 말지는 온전히 고객의 몫이다. 우리가 해야 하는 일은 고객이 선택할 수 있도록 정보를 제공하고, 찾아가서 최신 흐름 동향이나 고객의 관심을 끄는 것이다.

질문으로 말이다. 고객의 관심을 끄는 다양한 기능 중 영업 현장에서 배운 가장 강력한 방법은 바로 질문하기이다. 질문이야말로 고객의 마음을 열고, 관심을 나에게 집중시킬 수 있는 효과적인 방법이다. 미국 워싱턴대 실험 연구 결과에 따르면 같은 정보를 단순 반복 입력하는 그것보다 시험, 테스트 등으로 계속 끄집어내 생각하게 할 때 사람들의 기억 효과가 커진다고 한다.

해당 실험에서는 학생들에게 일정 분량의 글을 외우게 한 뒤 학생들을 A, B그룹으로 나눠 각각 다른 지시를 내렸다. A그룹 학생들에게는 글을 다시 외울 수 있는 추가 시간 7분을 줘서 재학습을 유도했고, B그룹 학생들에게는 학습한 그것 중 기억나는 것들을 써내라고 요구하며 시험을 치르게 했다.

그리고 시간이 흐른 뒤 두 그룹을 비교한 결과 시험을 본 B그룹의 기억 비율이 더 높게 나타났다. 실험 직후에는 재학습이 기억에 더 효과적이었지만 2일 이상의 시간이 지나고부터는 시험의 효과가 높았다. 이를 영업 현장에 적용해보면 가장 유사한 방법이 바로 질문하기 기술이다.

기업 영업부에서 근무하는 영업사원을 보면 연봉이 높은 사람과 낮은 사람의 차이가 극명하게 구별되는 것을 확인할 수 있다. 실제 돈을 잘 버는 영업사원들은 고객의 관심을 끌 만한 소재를 찾아 질문으로 고객의 마음을 얻는다. 하루에도 수많은 영업사원을 상대해야 하는 고객의 처지에서는 좀 더 나를 생각해주고, 나에게 관심을 두는 특별한 영업사원과 비즈니스 관계를 맺기 원할 것이다.

자기 얘기만 하고, 설명만 늘어놓는 영업사원을 좋아할 너그러운 고객은 안타깝게도 우리 주변에는 없다. 영업을 통해 질문의 중요성을 배웠고, 실제 현장에서 만나는 고객에게 질문하기 기술을 적용했더니 더 많은 돈을 벌었고, 매년 연봉 상승의 효과를 보았다.

영업은 힘들고, 어려운 분야가 아니다. 조금만 바꿔 생각해보자. 당신은 영업을 통해 무엇을 누리고 있는가? 나는 영업을 통해 다음 열 가지 혜택을 누리며 살고 있다.

첫째, 나에게 더 많은 시간적 여유를 제공해준다.

둘째, 잘하면 남들보다 더 많은 돈을 벌 수 있다.

셋째, 다양한 처세술 및 관계 역량을 키울 수 있다.

넷째, 영업은 나의 내면과 외면을 더 단단하게 해준다.

다섯째, 영업을 배우면 뭐든지 해낼 수 있다.

여섯째, '할 수 있다.'라는 자신감과 일에 대한 자부심을 얻을 수 있다.

일곱째, 보람을 느낀다.

여덟째, 배려와 경청이 몸에 밴다.

아홉째, 누구나 도전할 수 있지만 아무나 성공할 수 없는 특별한 분야이다.

열째, 만나는 모든 사람에게 배울 수 있다.

이 얼마나 가치 있고, 행복한 일인가? '이 세상에 나만큼 행복한 삶을 사는 사람이 또 있을까?'라는 마음으로 하루를 감사하며 살고 있다. 영업은 힘들고, 어려운 일이라는 편견은 머릿속에서 지워라. 내가 했다면 당신도 할 수 있다!

고수가 알려주는 영업의 핵심   02

내가 고객에게 제품을 판매한다는 것은 내 제품을 구매할 고객에게 도움이 되는 일이다. 고객에게 이득이 되는 일이다. 비용을 지급해서 이익을 볼지 말지는 온전히 고객의 몫이다. 우리가 해야 하는 일은 고객이 선택할 수 있도록 정보를 제공하고, 찾아가서 최신 흐름 동향이나 고객의 관심을 끄는 것이다.

책에서
비법을 배우고
현장에
적용하라

"시대 흐름에 맞게 변화에 성공한 기업만 생존한다. 기존 틀을 깨는 과
감한 용기가 필요하다."

— 존 헤네시 알파벳 회장

"스타트업 창업자에게 묻겠다. 당신의 비즈니스가 당신의 인생을 바쳐
도 될 만큼 중요한가?"

— 팀 드레이퍼 DFJ 회장

코로나19 이후 전 세계는 전례 없는 변화에 직면했다. 정치 · 경제 · 사회 · 문화 전 분야에 걸친 변화는 기업 환경에도 큰 영향을 미쳤다. 내가 속한 기업도 2년 동안 재택근무에 돌입했으며 줌을 활용한 비대면 미팅이 이젠 더 편하게 느껴진다. 국제통화기금(IMF)은 최근 내놓은 2021년 세계 경제 전망에서 세계 경제가 올해 회복세를 보인다고 하더라도 팬데믹 이전 수준으로 복귀하는 게 어려울 것이라고 내다봤다.

영업 환경도 점점 더 어려워지고 있다. 이럴 때일수록 우리는 자기 계발과 성장에 더욱더 신경을 써야 한다. 21세기 들어 가장 두드러진 사람들의 특징은 최신 지식과 기술, 능력을 배우려는 욕구가 강하다는 것이다. 남들보다 높은 경쟁력을 바탕으로 더 빠른 속도로 나아가고 싶어 한다는 사실이다.

경쟁력을 만드는 최고의 방법이 있어 공유하겠다. 가장 적은 비용으로 최대의 효과를 누릴 수 있는 최고의 방법은 독서라고 생각한다. 초대 애플의 CEO였으며 현재 애플의 기반이 되는 맥북, 아이맥, 아이폰 등의 제품을 개발하여 출시한 장본인으로서, 전 세계에 모르는 사람이 없을 정도로 유명하고, '애플' 하면 떠오르는 사람이 스티브 잡스다.

고 스티브 잡스의 초등학교 성적표에 나온 평가는 "뛰어난 독서가지만 독서를 하느라 너무 많은 시간을 허비한다."였다고 한다. 잡스를 성공시킨 요인 중 한 가지는 독서가 분명하다. 이 외에도 세계적으로 성공한 수많은 석학의 성공 요인을 꼽으려면 독서는 빼놓을 수가 없는 중요한 요인이다.

예나 지금이나 그리고 앞으로도 스스로 경쟁력을 갖추고, 직장 내에서도 앞서가려면 넓은 시야와 안목을 지녀야 한다. 항상 공부하고 시대에 뒤쳐지지 않아야 하며 미래를 바라보는 시각이 있어야 한다. 이러한 경쟁력을 갖추기 위한 최선의 지름길은 독서와 공부를 게을리하지 않는 것이다.

더 중요한 사실은 배움을 배움으로만 멈춰서는 안 된다는 것이다. 배웠으면 활용해야 하고, 적용해야만 한다. 예를 들어 두 명의 영업사원이 있다고 가정하자. 한 사람은 책을 읽으며 감동하여 밑줄도 긋고, 메모도 하며 가슴속에 새기기 위해 노력한다. 하지만 그 감동은 일주일 이상 지속하기가 참 어렵다.

다른 영업사원은 감동적인 문구를 발견하면 자신의 삶에 적용하기 위해 노력한다. 영업력이 좋은 영업 고수는 배움을 배움으로 끝내지 않고, 배워서 시작하려는 사람이다. 종이 한 장 차이지만 상당한 결과 차이를 만들어낸다. 이러한 노력은 결국 부메랑이 되어 돌아와 내가 하는 영업의 성과, 전문성, 사람과의 관계 역량을 강화하는 나만의 경쟁력이 되는 놀라운 경험을 하게 될 것이다. 당신도 꼭 느껴보기를 진심으로 바란다.

'위기는 곧 기회다.'라는 말을 모르는 사람은 없을 것이다. 하지만 이 문구를 내 삶에 적용하는 사람은 많지 않을 것이다. 코로나로 인해 영업 상황과 환경이 더 악화하였다는 소리를 여기저기서 많이 듣는다. 하지만 누군가는 이러한 위기를 극복하고, 이겨내기 위한 노력을 책에서 찾으려는 사람이 있다. 인간은 평생 배워야 한다. 나는 그렇게 믿고, 행동하고 있다. 한 달에 한 번은 반드시 서점에 들러 다양한 분야의 책들을 사서 읽고 배운다. 독서는 내면을 더 단단하게 만들어주며 최신 동향과 시대의 흐름을 읽을 수 있다. 또한, 지식과 정보 그리고 지혜를 제공해준다.

나에게 도움이 되는 문구나 문장은 표시를 해두고, 가장 중요한 핵심인 내 삶에 적용하기 위해 노력한다. 그렇게 나는 새롭게 다시 태어난다. 독서는 삶의 활력을 제공해줄 뿐만 아니라 나를 더 돋보이게 해준다. 나와 고객을 더 꼼꼼하게 관찰할 수 있으며 배려와 겸손을 배울 수 있다.

책은 반드시 읽어야 한다. 특히 영업사원은 현장에서는 발로 뛰며 일상에서는 머리와 가슴으로 뛰어야 한다. 나는 늘 책을 끼고 살고 있다. 새벽에 운동을 마치고, 출근하기 전에 책 읽는 설렘을 안고 하루를 시작한다. 영업 현장에서는 차 안에서 틈틈이 읽고, 또 읽는다. 좋은 책은 주변에 꼭 소개하고, 함께 성장하기 위한 노력을 아끼지 않는다.

우리는 성장해야만 하고, 노력해야만 한다. 지성(知性)은 인생의 가장 소중한 자산이기 때문이다. 영업하면서 동시에 배울 수 있는 환경을 만드는 것은 온전히 자신의 몫이다. 뭐든지 마음먹기에 달려 있다. 살면서 얼마나 배우고 적용하느냐가 사고의 수준을 결정하고 결국 삶의 질을 결정한다.

따라서 죽을 때까지 평생 배우며 살아야 한다. 학생 신분을 벗어나 사회에 나오는 사람들은 대부분 학교에서 배운 내용을 바탕으로 실무에 적용한다. 분명 한계가 존재한다. 물론 그 후에 필요 때문에 더 배운다면 그만큼의 가치가 올라가는 건 자명한 사실이다. 누구나 알고 있지만, 실제 인생에 적용하는 사람은 많지 않다. 그래서 성공하는 사람은 소수다.

실질적으로 활용할 수 있는 지식과 경험 그리고 기술이 더 많이 요구되는 일을 할수록 소득은 올라간다. 물론 이러한 지식과 경험 그리고 기술은 가장 적은 비용으로 최대의 효과를 누릴 수 있는 최고의 방법인 독서를 통해 얻을 수 있다. 필요하면 세미나에 참석하고, 커뮤니티에 나가 다양한 분야의 사람들과의 네트워크 형성도 큰 도움이 될 것이다. 결국, 우리는 배운 만큼, 현장에 적용한 만큼 인생의 보상이 늘어나는 것이다.

나는 새로운 분야를 개척하고, 새로운 것을 배우고 행동할 때마다 가슴이 뛴다. 너무 설레어서 잠을 설치기도 한다. 새벽에 일찍 눈을 떠 어떻게 하면 그것을 얻을 수 있을지에 대해 생각한다. 그리고 떠오른 생각이나 아이디어는 즉시 적용한다. 성장하는 느낌이 들 때면 나는 살아 있음을 느낀다.

더 많이 배우고 행동에 옮길수록 더 높이 그리고 멀리 나아갈 수 있다. 배움과 성장이 없으면 사는 재미가 없을 것이다. 햄스터 쳇바퀴 구르듯 매일 반복된 일상으로 지루함의 연속은 생각만 해도 너무 싫다. 배움과 성장이 없는 사람은 몸은 살아 있을지라도 영혼은 죽은 것과 다름없다.

그런 사람에게는 더는 배움, 성장, 가치 상승을 기대할 수 없을 뿐만 아니라 결국 경쟁력을 잃고 퇴보하는 삶으로 변화될 것이다. 지속적인 배움은 강조해도 지나치지 않다. 매일 책을 읽고, 최신 동향을 파악하고, 다양한 세미나에 참석하여 배우기를 바란다. 그리고 여러분의 인생에 반드시 적용해보자.

책을 읽는 자체도 훌륭한 일이다. 하지만 적용이 없다면 무용지물이다. 적용하기 위해 책을 읽는다고 해도 과언이 아닐 정도로 적용하는 삶은 상당히 중요하다. 아주 작은 행동이지만 놀라운 변화의 시작임을 잊지 말고, 지금 당장 서점으로 달려가자.

고수가 알려주는 영업의 핵심   03

경쟁력을 만드는 최고의 방법이 있어 공유하겠다. 가장 적은 비용으로 최대의 효과를 누릴 수 있는 최고의 방법은 독서라고 생각한다. 세계적으로 성공한 수많은 석학의 성공 요인을 꼽으라면 독서는 빼놓을 수가 없는 중요한 요인이다.

5. 디테일 활동

-팀 내 신제품 1paper 제작 전담(제작 후 본사 승인 필요), 자료에 해당되는 논문 함께 전달 드리며 디테일 활동 진행

6. 기타 활동

POP활동

손편지, 모닝콜

주요처 활동

의사회 관련 업무(문서 교정)

홍보물 디자인 및 제작

병의원 점검사항 가이드

마냥
쉽고 편한
방법만
찾지 마라

나는 영업을 하면서 잠재 고객 리스트를 만들고, 제품에 대한 정보 전달 및 관련 홍보 이벤트 내용이 담긴 문서를 전화나 팩스 그리고 이메일을 활용하여 고객에게 전달한 적이 단 한 번도 없다. 물론 고객과의 미팅을 마친 후, 고객이 직접 요청하는 경우는 제외다. 가끔 미팅하기도 전에 자기 일이 바쁜지 혹은 내가 판매하는 제품에 관심이 없는 것인지 정확히 모르겠지만 "카탈로그나 관련 내용 이메일로 보내주세요."라고 말하는 고객과는 절대 먼저 비즈니스 하지 않는다. 이건 내 원칙이다.

정말 제품이 필요하다고 생각하는 고객이라면 다음과 같이 말한다.

"지금 잠시 이야기를 나눌 수 있을까요?"

"제품에 관심이 있습니다. 어떻게 받아볼 수 있을까요?"

신규 개척하기 위해 채널에 방문했는데 대표님이 "카탈로그나 관련 내용 이메일로 보내주세요."라고 말한다면 딱 두 가지의 경우다. "나는 당신의 회사, 제품에 관심이 없어요." 혹은 "제품에 관심은 있지만 구매할 여유가 안 됩니다."이다. 우리는 정말 바쁜 영업사원이다. 우리가 관리해야 할 거래처가 얼마나 많은가?

거래처 관리와 신규 채널 발굴을 위해 노력한다. 불필요한 곳에 우리의 소중한 시간과 에너지를 쏟지 말자. 진짜 내 제품에 관심이 있고, 정보를 원하는 채널을 발견해서 비즈니스를 시작해야 한다. 내가 전화나 이메일로 고객과 비즈니스 커뮤니케이션을 하는 경우는 단 한 가지다. 고객과의 미팅 약속을 잡을 때다.

최근에 보험회사를 전수 조사한 적이 있다. 설계사분들이 그들의 상품에 가입한 고객에게 봉사품이라는 명목으로 작은 선물을 감사의 표시로 전달하는 때도 있다. 내가 판매하는 제품을 신규로 입점하기 위해 보험회사 각 지역 단장님과의 미팅을 진행한 적이 있다. 지역 단장님은 그 지역 보험회사의 최고 높은 위치에 있는 사람들이다.

그냥 딱 봐도 바빠 보이는 분들이다. 편하게 영업하기 위해 사무소에 전화해서 비서에게 단장님과의 통화를 원한다고 하면 쉽게 바꿔줄까?

"무슨 일이시죠?", "어디세요?"라며 비서가 할 수 있는 최선의 방어 동작을 펼칠 것이다. 가장 정확한 방법은 일단 지역 단장님을 만나기 위해 직접 가보는 것이다.

내 생각과는 다르게 너무도 나를 친절하게 맞이해주는 예도 있고, 그렇지 않은 예도 있다. 생각지도 못한 중요한 정보를 얻을 수도 있다. 실제로 한 보험회사 지역 단장님은 나에게 제품 입점을 위한 부서와 담당자를 소개해주기도 했다. 나는 결국 실무 담당자와 미팅을 성공적으로 마친 후 입점에 성공할 수 있었다. 이처럼 현장에 답이 있다. 직접 발로 뛰어야 영업이다.

나는 기업 영업부에서 쉽게 일하려고 하는 사람들이 보이는 특징을 발견할 수 있었다. 그들은 공통으로 부정, 불평, 불만이 가득한 사람들이었다. 특히 자신의 내면보다는 주변 환경을 탓하며 다음과 같은 말을 자주 사용했다.

"상황이 안 좋아. 실적이 안 올라."
"회사가 이 모양이니 성과가 안 나지."
"이직하고 싶다."

이직하고 싶다고 말하면서 이직할 마음은 전혀 없어 보였다. 그리고 더 중요한 사실은 이들을 받아줄 기업은 과연 있을까? 나는 궁금했다. 이렇게 부정적인 말과 행동을 하는 사람들은 쉽고 편하게 일할 궁리만 할 가능성이 크다. 현장에 직접 나가 고객을 만나서 이야기를 풀어야 한다.

거절당할까 두려워서, 쉬고 싶어서 그리고 귀찮아서 등 다양한 이유가 있을 것이다. 이런 사람들은 그냥 떠나라. 영업하지 말고, 다른 일을 찾아보는 게 서로를 위해 이득이다. 자신의 수준에 맞춰 쉽고 편하게 현장을 누비고 있지는 않은가? 현재 원하는 목표를 이루고, 더 성장 및 발전하고 싶다면 직접 발로 뛰어야 한다.

영업은 바로 우리 스스로가 어떤 기준으로 일하느냐에 따라 결과는 하늘과 땅 차이만큼 벌어진다. 스스로 기준을 높이면 우리가 하는 영업의 수준도 달라진다. 그래도 지금 이 책을 읽고 있는 여러분은 이미 성공한 사람일 확률이 높다. 혹은 지금보다 더 성공할 확률이 높은 사람이다.

내가 이렇게 말하는 이유는 간단하다. 재밌는 유튜브나 TV 혹은 게임을 하거나 시간을 허비하는 활동이 아니라 실질적으로 나에게 도움이 되는 활동을 위해 이 책을 집어 들었을 확률이 높기 때문이다. 그래서 지금 이 책을 읽고 있을 것이다. 이처럼 우리 뇌에는 오만 가지 생각들이 존재하고, 그 생각의 결과로 행동을 하게 되어 있다.

그럼 어떻게 하면 영업에서 원하는 성과를 얻을 수 있을까? 수많은 성공학 도서와 다큐멘터리를 보고 내린 결론은 자신이 원하는 목표를 달성한 사람들의 성공 특징을 보면 생각보다 간단한 원리라는 것이다. 물론 아는 것을 실행하는 것이 힘이기 때문에 실제 적용하는 것은 어려운 일이다. 그런데도 성공한 사람들은 그걸 이겨냈기에 원하는 목표에 도달했다.

현재 여러분이 영업하고 있다면 기업의 목표와 개인의 목표가 분명히 있을 것이다. 그 목표를 이루고 싶다면 쉽고 편한 방법은 없다는 것을 모르는 사람은 없을 것이다. 하지만 실제 인생에 적용하는 것이 어렵기에 더 쉬운 방법과 편안한 방법을 찾는지도 모르겠다. 하지만 분명한 사실은 적당히 쉽고 적당히 편한 방법으로는 절대로 원하는 목표에 도달할 수 없다는 것이다.

물론 쉬운 일은 아니다. 영업의 길을 걸어간다는 것은 험난한 가시밭길이다. 이 길을 걷기 위해서는 무엇보다 끈기와 도전이 필요하다. 가시밭길을 지나며 스스로 부끄럽지 않게 모든 일에 최선을 다한다면 당신은 분명히 꽃길을 만나게 될 것이다. 가시밭길을 걷는 당신에게 이 책이 조금이라도 도움이 되길 바란다. 그리고 당신이 과거의 자신과 같은 실패를 하지 않길 바라는 나의 간절한 마음이 당신에게 전해지길 바란다.

나는 영업이 인생을 더 풍요롭고 여유롭게 만든다는 믿음과 확신이 있다. 실제로 내가 경험한 살아 있는 이야기이기 때문이다. 지금, 이 순간에도 영업의 문제를 해결하기 위해 오늘도 고군분투하고 있을 당신을 응원한다. 먼 훗날 서점에서 만날 당신의 이름이 적힌 책이 출간되기를 바라며, 여러분의 앞길에 이 책이 든든한 발판이 되었으면 좋겠다.

영업의 성공과 실패. 이는 당신의 노력에 달렸다. 영업을 쉽게 하려면 얼마든지 쉽게 할 수 있고, 편하게 하려면 얼마든지 편하게 할 수 있다. 오로지 당신의 몫이며 선택이다. 어떠한 선택을 하든지 선택에 대한 책임을 지면 된다. 이왕 시작한 영업, 쉽고 편한 방법보다는 어렵고 불편한 방법으로 여러분의 이야기를 만들기를 바란다. 그 이야기가 훗날 당신의 인생을 더욱더 빛나게 해줄 것이다.

고수가 알려주는 영업의 핵심 04

영업의 길을 걸어간다는 것은 험난한 가시밭길이다. 이 길을 걷기 위해서는 무엇보다 끈기와 도전이 필요하다. 가시밭길을 지나며 스스로 부끄럽지 않게 모든 일에 최선을 다한다면 당신은 분명히 꽃길을 만나게 될 것이다.

05

고수가
되어
젊을 때
많이 벌어라

젊은 부자를 가리키는 말로 Young and Rich(영 앤 리치)라는 단어를 많이 사용한다. 보통 부를 축적하기 위해서는 상당한 시간과 노력이 소요된다. 특히 예전에는 자수성가한 분들의 평균 연령은 높은 편이었다. 어느 정도 나이가 든 사람들이 많았다. 하지만 최근 들어 젊은 부자들이 생겨나기 시작하면서 주목을 받기 시작했다.

연예인, 가수, 배우, 돈 많은 부모님의 자녀로 태어날 때부터 부자가 된 일명 금수저 등 젊은 부자들은 옛날보다 상당히 많아졌다. 나는 연예인도, 가수도 배우도 아니다. 그렇다고 집안에 부모님이 돈이 많아 금수

저도 아니다. 이런 내가 월 천만 원 이상 벌며 억대 연봉을 벌 수 있었던 시작은 영업에서 큰 성공을 이루었기 때문이다. 지금도 억대 연봉을 벌며 영업 현장에서 발로 뛰고 있다.

영업이라고 하면 가장 먼저 무엇이 떠오르는가? 아마도 대부분이 어렵고, 힘들고, 남에게 아쉬운 소리를 해야 하는 일 정도로 떠올릴 것이다. 그렇다. 영업은 어렵고 힘든 일이다. 그리고 남에게 아쉬운 소리를 해야 하는 직업이다. 그런데 실패한 영업사원이 영업에 대해 말하는 잘못된 이야기에 귀를 기울이지 말자. 막연하게 '돈을 많이 벌 것 같다.', '사람 만나는 걸 좋아한다.', '재미있을 것 같다.'라는 생각으로 영업을 시작한다면 다른 일을 찾아보는 걸 추천한다.

나는 이것이 영업에서 실패하는 가장 큰 원인이라고 생각한다. 나는 영업을 하면서 만나는 모든 사람에게 배우고 있다. 배운 부분을 잘 숙지해서 내 인생에 적용하기 위해 끊임없이 노력한다. '고객의 문제를 어떻게 해결할 것인가?' 이 질문은 영업사원이 풀어야 할 문제이자 영업의 본질이다.

나는 이 질문에 답하기 위해 지금까지 세 권의 책을 집필했다. 『거절에 대처하는 영업자의 대화법』, 『영업의 신』, 『영업 코칭 스킬』에서 영업하는 실질적인 방법을 소개한다. 책을 구매해서 읽고, 배우고, 적용하는 과정이 처음에는 번거롭고 귀찮게 생각될 수도 있겠지만, 결과적으로는 목표를 달성하는 시간을 단축하고 에너지 소모를 줄일 수 있다. 물론 내가 제시한 방법을 그대로 따를 필요는 없다. 당신의 상황에 맞게, 당신의 영업환경에 맞게 참고해서 적용해나가면 된다.

한 살이라도 젊을 때 많은 돈을 벌고 싶은가? 빨리 성공하고 싶은가? 그렇다면 더 망설이지 말고 영업에서 힌트를 얻어 아이디어를 다듬어보기 바란다. 영업을 시작해 실패했는가? 낙담할 필요 전혀 없다. 오히려 당신은 실패의 소중한 경험이 있다. 그 경험은 돈으로도 바꿀 수 없는 귀한 자원이다.

어디서부터 잘못되었는지 원인을 파악하고 다시 일어나자. 어쩌면 처음부터 다시 시작해야 할지도 모른다. 물론 말처럼 쉬운 일은 아니다. 하지만 당신 곁에는 당신을 응원하고, 지지해줄 많은 사람이 있다는 사실을 잊어서는 안 된다. 필요하면 나를 적극적으로 활용해도 좋다.

서로 바쁘지만, 당신과 내가 조금이라도 도움이 된다면 적극적으로 나서서 도와주겠다. 이메일 주소로 연락해주길 바란다. 어떤 분야에서도 월 천만 원 이상 소득을 올릴 수 있는 일은 많지 않다. 당신 주변을 둘러보라. 과연 당신 주변에 월 천만 원 이상 벌고 있는 사람이 몇 명이나 되는가?

장담컨대 그렇게 많지 않을 것이다. TV에서 유튜브에서 소수의 사람이 억대 연봉을 벌고 있다고 하니 많은 것처럼 착각하지만 실상은 전혀 그렇지 않다. 하지만 영업은 성과로 평가받는다. 일한 만큼 보상을 받을 수 있는 일이다. 지금도 영업을 하는 나는 영업을 통해 큰 성공을 이뤘고, 더 큰 성공과 행복을 향해 앞으로 나아가고 있는 자신을 발견할 수 있다.

영업에 도전하길 바란다. 누군가 했다면 당신도 반드시 할 수 있다. 할 수 있다는 믿음을 가지고 늘 깨어 있어야 한다. 『그릿』(비즈니스북스, 2016)의 저자 앤절라 더크워스(Angela Duckworth)는 "지능이 최고 수준이 아니라도 남다른 끈기를 발휘해 노력하는 사람은 최고 수준의 지능을 가지고 있더라도 별로 노력하지 않는 사람보다 훨씬 위대한 업적을 쌓는다."라고 말했다.

영업사원에게 요구되는 것도 어떠한 상황에 놓이더라도 포기하지 않고 마지막까지 끈기 있게 해내는 힘이다. 켄터키 할아버지 커넬 샌더스가 미국 전역의 식당을 돌아다니며 1,008곳의 식당에서 퇴짜를 맞은 후 1,009번째 식당에서 첫 계약이 성립되었다는 일화는 유명하다. 보통 사람이라면 열 번 정도 실패하면 포기하겠지만 그는 포기하지 않았다.

태어나서 이 세상을 떠나는 날까지 우리는 영업 활동을 하며 살아가야 한다. 먹고사느라, 아이들 키우느라, 직장 생활하느라 영업을 배울 기회조차 만들지 못하고 하루하루를 목적 없이 주어진 대로 사는 경향이 있다. 영업은 직업이 아니다. 나이가 들면 그냥 영업이 되는 것도 아니다.

우리는 영업을 하면서 어떤 인생을 설계할 것인지, 영업을 통해 이루고 싶은 것이 무엇인지를 알아보려는 인생의 방향을 명확하게 설정해야 한다.

"여러분은 영업 왜 하세요?"
영업사원들은 대부분 이 질문을 진지하게 받아들이지 않는다.

어찌하다 보니 영업을 하게 되었으니 그냥 일하는 거지, 그 일을 통해 무엇을 할지까지에는 생각이 미치지 못한다. 영업 능력은 자신이 하는 직업 속에서 경력을 쌓고 전문가 수준의 업무 능력을 갖추면 세월이 흐르면서 자연스레 얻어지는 것이라고 착각하는 사람들이 대부분이다. 배우지 않으면 전문가가 안 된다는 말이 아니다.

아니, 그냥 지금 생활에 안주하면서 사는 게 꿈일 수도 있다. 그러나 그 생활이 얼마나 지속할 것 같은가? 지금 하는 일과 연관해서 미래의 인생을 설계하는 일이 조화를 이루어 목표를 달성해나가는 과정에서 인생의 참된 의미와 행복 그리고 성공을 발견할 수 있다.

"당신, 영업 왜 해요?"
주변 지인이나 영업하는 선·후배에게 질문해보자. 영업의 본질을 발견하는 가장 좋은 방법은 영업 왜 하는지 묻는 것이다. 그리고 그들의 이야기에 귀를 기울이고, 격려와 응원을 해주는 것이다. "야, 그게 되겠니?"라는 부정적인 말보다는 긍정의 힘을 최대한 활용하여 이룰 수 있다는 용기를 선물해야 한다.

"그 목표를 이루기 위해 어떤 방법으로 영업하고 있어요?"
"그 목표를 이루기 위해 지금 준비하고 있는 것이 있나요?"

위 질문을 통해 목표를 말하고 그 목표를 달성하기 위해 무엇을 어떻게 준비하고 있는지 묻는다면, 상대방은 준비하고 있지 않더라도 생각을 하게 된다. 영업을 통해 당신의 목표를 반드시 이뤄내길 진심으로 응원하고 바란다. 영업하는 일은 우리 내면에 숨겨져 있는 열정과 에너지를 찾는 것과 같다.

고수가 알려주는 영업의 핵심   05

영업을 통해 당신의 목표를 반드시 이뤄내길 진심으로 응원하고 바란다.
영업하는 일은 우리 내면에 숨겨져 있는 열정과 에너지를 찾는 것과 같다.

꼭 알아야 할 세일즈 핵심 포인트

내가 생각하는 흙수저가 금수저가 되는 가장 효과적인 방법은 주식, 부동산, 코인이 아니라 영업이라고 생각한다. 영업의 기회는 그 누구에게나 평등하다. 영업은 힘들고, 어렵고, 두려운 일이 아니라 희망이고, 미래이고, 기회이다. 적어도 나는 영업을 통해 희망을 보았고, 미래를 만나 그 기회를 적극적으로 활용하면서 살아가고 있다.

경쟁력을 만드는 최고의 방법이 있어 공유하겠다. 가장 적은 비용으로 최대의 효과를 누릴 수 있는 최고의 방법은 독서라고 생각한다. 초대 애플의 CEO였으며 현재 애플의 기반이 되는 맥북, 아이맥, 아이폰 등의 제품을 개발하여 출시한 장본인으로서, 전 세계에 모르는 사람이 없을 정도로 유명하고, '애플' 하면 떠오르는 사람이 스티브 잡스다.

고 스티브 잡스의 초등학교 성적표에 나온 평가는 "뛰어난 독서가지만 독서를 하느라 너무 많은 시간을 허비한다."였다고 한다. 잡스를 성공시킨 요인 중 한 가지는 독서가 분명하다. 이 외에도 세계적으로 성공한 수

많은 석학의 성공 요인을 꼽으라면 독서는 빼놓을 수가 없는 중요한 요인이다.

예나 지금이나 그리고 앞으로도 스스로 경쟁력을 갖추고, 직장 내에서도 앞서가려면 넓은 시야와 안목을 지녀야 한다. 항상 공부하고 시대에 뒤처지지 않아야 하며 미래를 바라보는 시각이 있어야 한다. 이러한 경쟁력을 갖추기 위한 최선의 지름길은 독서와 공부를 게을리하지 않는 것이다.

더 중요한 사실은 배움을 배움으로만 멈춰서는 안 된다는 것이다. 배웠으면 활용해야 하고, 적용해야만 한다.

책은 반드시 읽어야 한다. 특히 영업사원은 현장에서는 발로 뛰며 일상에서는 머리와 가슴으로 뛰어야 한다. 나는 늘 책을 끼고 살고 있다. 새벽에 운동을 마치고, 출근하기 전에 책 읽는 설렘을 안고 하루를 시작한다. 영업 현장에서는 차 안에서 틈틈이 읽고, 또 읽는다. 좋은 책은 주변에 꼭 소개하고, 함께 성장하기 위한 노력을 아끼지 않는다.

우리는 성장해야만 하고, 노력해야만 한다. 지성(知性)은 인생의 가장 소중한 자산이기 때문이다. 영업하면서 동시에 배울 수 있는 환경을 만드는 것은 온전히 자신의 몫이다. 뭐든지 마음먹기에 달려 있다. 살면서 얼마나 배우고 적용하느냐가 사고의 수준을 결정하고 결국 삶의 질을 결정한다.

영업을 통해 당신의 목표를 반드시 이뤄내길 진심으로 응원하고 바란다. 영업하는 일은 우리 내면에 숨겨져 있는 열정과 에너지를 찾는 것과 같다.